W0175392

Franz Dodel
Weisung aus der Stille

Franz Dodel

Weisung aus der Stille

Sitzen und Schweigen
mit den Wüstenvätern

Benziger Verlag
Zürich und Düsseldorf

Die Deutsche Bibliothek – CIP-Einheitsaufnahme

Dodel, Franz:
Weisung aus der Stille: Sitzen und Schweigen mit
den Wüstenvätern / Franz Dodel –
Zürich; Düsseldorf: Benziger, 1999
ISBN 3-545-20139-2

© 1998 Benziger Verlag, Zürich / Düsseldorf
Alle Rechte, einschließlich derjenigen des auszugsweisen Abdrucks
sowie der fotomechanischen und elektronischen Wiedergabe,
vorbehalten.
Satz: Fotosatz Moers, Mönchengladbach
Druck und Bindung: Wiener Verlag, Himberg bei Wien
ISBN 3-545-20139-2

Inhalt

Vorwort

Diese kurzen einleitenden Bemerkungen können dem Leser keine allgemeine Einführung in das entstehende christliche Mönchtum bieten. Es soll jedoch versucht werden, die Stimmung, die den vorliegenden Geschichten und Sprüchen zugrunde liegt, spürbar zu machen; dazu soll die faszinierende Unmittelbarkeit der Texte andeutungsweise in den Kontext der historisch erfaßbaren Situation eingebunden werden. Gleichzeitig möchte ich einer allzu leichtfertigen Ablösung aus dem größeren Zusammenhang (in vielleicht allzu freier Leseweise) mit der Absicht einer Inanspruchnahme für unsere heutigen spirituellen Fragen ein – allerdings leicht zu überwindendes – Zögern voranstellen. Natürlich bin ich überzeugt, und die Motivation, diese Textsammlung zusammenzustellen, liegt gerade darin, daß uns angeht, welches Bemühen, welche Freude, welches Leiden damals in der Wüste für alle Zeiten ins Bewußtsein christlichen Denkens eingearbeitet wurden. Und dieses Angehen meint nicht nur die Betroffenheit in Anbetracht der radikalen Entschiedenheit, den Impuls befreiter christlicher Existenz (nämlich befreit von weltlich-materiellen Bindungen, insofern diese einem Offenhalten zu Gott hin entgegenstehen) hier und jetzt zu leben. Angehen können uns auch ganz konkrete Situationen im Umgang mit unserer Innerlichkeit (z. B. die Auseinandersetzung mit den Gedanken), mit unseren Mitmenschen, mit Fragen der Schuld, der Vergänglichkeit, der Erlösung.

Was den Zugang zu den Texten erleichtert, ist die Tatsache, daß hinter ihnen wohl eine Theologie, nicht aber ein klar gezeichnetes Lehrgebäude steht. Dies obwohl die Wüstenväter zeitweise in die – manchmal sogar tätlichen – Auseinandersetzungen um die großen theologischen Fragen der damaligen Zeit verwickelt wurden, was öfters auch einem Mißbrauch ihrer spirituellen Autorität gleichkam. Das tägliche Leben, gehalten und verwirklicht in den Rhythmen des Gebets, der Arbeit und der Meditation, war vor allem und grundlegend geprägt vom Versuch, sich ohne irgendwelche Umwege in völliger Hin- und Preisgabe auf Jesus Christus hin zu öffnen. Nicht um die mitteilbare Darstellung einer Lehre ging es, sondern um die leiblich-seelische Erfahrung der durch IHN zugänglich gewordenen Wahrheit. Damit war keineswegs einer ungebundenen, wild wuchernden spirituellen Praxis Tür und Tor geöffnet. Die Bindung an die Heiligen Schriften, die ständige Bezugnahme darauf – wenn auch mit klaren inhaltlichen Präferenzen und in unsern Augen oft eigenwilliger Auslegung –, aber auch die unverzichtbare Bindung des Schülers an seinen Abbas im Sinne eines geistlichen Vaters verhinderten nachhaltig jegliche Form der Beliebigkeit. Es ist deshalb im Grunde nicht erstaunlich, daß sich das frühe Mönchtum – auch in seinen so persönlich ausgestalteten anachoretischen Formen – schließlich ohne nennenswerte Auseinandersetzungen in die bestehenden kirchlichen (das heißt episkopalen) Strukturen integrieren ließ.

Mit der Herausgabe der hier vorgelegten Geschichten, die sich auf einen, allerdings zentralen, Aspekt der Wüstenväter-Praxis beziehen, nämlich das meditative Sitzen, verbindet sich die Absicht, die Aufmerksamkeit des Lesers auf eine Übungs- oder besser: Daseinsform zu lenken, die seit frühester Zeit christlicher Existenz zugrunde lag. Wenn vom Sitzen der Wüstenväter die Rede ist, so ist mehr gemeint als eine leibliche Haltung. Manchmal ist nicht einmal klar, ob diese mitgemeint sei. Unabdingbar jedoch schien den Vätern auf dem Weg zur Gotteserfahrung in dem schon angebrochenen Reich Gottes die Haltung des Nach-innen-Wendens, damit in Auseinandersetzung mit den oft übersehenen weltlichen Restbeständen und unserer konstitutionellen Sündhaftigkeit im Herzen Raum frei werden konnte für die umfassende Wirklichkeit Jesu Christi. Als äußere Haltung wird – wie in andern religiösen Kulturen auch – immer wieder das Sitzen erwähnt, so daß man mit guten Gründen von einer meditativen Sitzpraxis schon im frühesten Mönchtum sprechen kann. Hier wurzelt sowohl die Praxis des späteren Hesychasmus als auch das Herz-Jesu-Gebet, beides zentrale Elemente in der Spiritualität des christlichen Ostens. Nur nebenbei sei auf die doch erstaunliche Tatsache hingewiesen, daß das Sitzen sich offensichtlich immer wieder als Haltung erweist, die einem bestimmten meditativen Üben – es fördernd – entspricht. Dies ist uns an sich bekannt; allerdings denken wir dabei ausschließlich an die indisch-buddhistische Sitzpraxis, die im chinesisch-japanischen Zen-Buddhismus zur maßgeblichen Praxis überhaupt wurde. Obwohl in spätantiker Zeit öfters von herumreisenden buddhistischen Mönchen berichtet wird (zum Beispiel bei Klemens von Alexandrien), ist eine direkte Beeinflussung in dem Sinne, daß indische Mönche mit christlichen Mönchen Kontakt gehabt hätten, kaum anzunehmen und auch nirgends erwähnt. Wenn wir also vom Sitzen der Mönche reden, von der uns an Mantras erinnernden Praxis des Herz-Jesu-Gebetes, von Atemtechnik, so sind dies Übungsformen, die sich durchaus selbständig aus der christlich-monastischen Tradition herausgebildet haben. Wer die überlieferten Texte aufmerksam liest, wird sich gerade auch davon überzeugen können.

Mit Hilfe des beigefügten kurzen Begleittextes, der in einem spontanen, unsystematischen Bezug zum Quellentext steht, habe ich versucht, dem Leser den Einstieg zu eigenem Nachdenken zu erleichtern. Vielleicht kann uns solches Nachdenken zu einer Haltung führen, die in ihrer Achtsamkeit und Beharrlichkeit im Hinblick auf unser Innenleben einerseits und demjenigen, was immer wieder in uns lichtvoll einzuströmen versucht andererseits, durchaus dem entspricht, was die Väter durch den Rückzug in das Kellion (Zelle) und das Sitzen darin anstrebten. Frühchristliches Mönchtum (und Mönchtum überhaupt) erschiene dann weniger denn je als bizarre, weltverachtende Lebensform, sondern als Möglichkeiten vorprägende Lebensweise der ganzheitlichen Integration: Ein so verinnerlichtes «Mönchtum für jedermann», das seine Kraft aus der Stille zum Beispiel des Sitzens gewinnt, könnte Ansatz sein zu neuem Umgang mit zentralen Problemen unserer Zeit: statt der alles durchdringenden Habsucht in Form von materieller Weltaneignung – das Lebensnotwendige von der Schöpfung dankbar empfangen; statt einer instrumentalisierten und entpersönlichten Geschlechtlichkeit – leiblich-seelische Liebe, Zuneigung und Verständnis für den Nächsten; statt entfesselter Egozentrik bei gleichzeitiger Vermassung bis zur Gesichtslosigkeit – Ichfindung durch Ichfreiheit (einst im Gehorsamsgebot geübt).

Wer von den Wüstenvätern jedoch Lebensregeln und -weisheit billig zu erhalten meint, wird ihre Sprüche (Apophthegmata) bald enttäuscht beiseite legen. Lebenslanges Bemühen war ihnen selbstverständlich, und Versagen und Verzweiflung begleitete sie bis zum Lebensende, auch wenn einzelne Väter schon zu Lebzeiten im Rufe der Heiligkeit standen. Diese Tatsache steht dem, was sich der moderne Mensch, der sein Leben umzugestalten wünscht – und zwar nicht nur sofort, sondern auch immer erfolgreich –, diametral entgegen. Auch davon berichten schon die Wüstenväter. Ihnen blieb immer bewußt, was wir uns schon gar nicht mehr zutrauen wollen, daß nämlich auch noch die kleinste Bewegung der nicht nachlassenden Sehnsucht immer eine Wende hin auf den Weg der Nachfolge sein mußte. Ein Weg, der zu Freiheit und Erlösung führt, auf dem jedoch Leiden und Tod, Verzweiflung und Müdigkeit nicht ausgeklammert werden können.

*

Seit frühester Zeit hat sich christliches Leben immer wieder in asketischen Lebensformen (z. B. Jungfrauenstand; Besitzlosigkeit; Fasten; geschlechtliche Einschränkung) verwirklicht und damit auf Bestrebungen zurückgegriffen, die in der antiken Umwelt bestens bekannt waren. Das eigentliche Mönchtum aber, das mit der Abtrennung einzelner, zu radikaler Askese entschlossener Menschen aus dem Gemeindeverband beginnt, den sogenannten Anachoreten (*anachorein* = weggehen, sich zurückziehen), setzt erst im ausgehenden 3. Jahrhundert ein und entfaltet sich zugleich in verschiedenen Gegenden mit christlichen Gemeinden. Nirgends jedoch läßt sich diese Entwicklung anhand von Texten und archäologischen Funden besser verfolgen als in Ägypten, dem Land, in dem die Christianisierung vielleicht schon kurz nach Pfingsten, der Legende nach aber sicher mit dem Apostel Markus (43 n. Chr.), begann.

Auf die christlichen Gemeinden machten die ersten Anachoreten offenbar einen überwältigenden Eindruck (vergleichbar demjenigen der Märtyrer), denn es folgten ihnen bald ganze Scharen von Nachahmern. Lagen die ersten Rückzugsorte noch in der Nähe der Dörfer, beispielsweise bei oder sogar in Grabstätten, so versuchte man schon bald in immer abgelegenere Gebiete der Wüste vorzudringen, sei es um die asketischen Übungen – und damit auch den Kampf gegen die Dämonen – zu verschärfen, sei es um dem einsetzenden Besucherstrom von Verehrern und Verehrerinnen zu entfliehen.

Sprüche und Geschichten von berühmten Wüstenvätern und -müttern wurden mündlich weitererzählt und gesammelt, vereinzelt sicher auch schon bald aufgeschrieben. Bei der Weiterverbreitung dieser neuen Lebensform aber war die von Bischof Athanasios um 357 verfaßte Vita Antonii, die das Leben des heiligen Antonios in stilistischer Anlehnung an die antiken Philosophenviten schildert, maßgeblich wirksam. Zweifellos handelt es sich bei Antonios (251–356) um einen hochverehrten Mönch der ersten Zeit, was die von ihm überlieferten Apophthegmata und seine Briefe beweisen. Aber erst durch die rasche Übersetzung und Verbreitung (auch in den Westen) der Vita wurde Antonios zur überragenden Wüstenvaterfigur. Immer weiter hatte er sich in die sogenannte «innere» Wüste zurückgezogen, wo er im Gebirge von Kólzom, etwa 30 km vom Roten Meer entfernt, in einer Höhle lebte, während am Fuße des Berges seine Schüler ein klosterähnliches Leben zu führen begannen (heute Dêr-Amba-Antonios).

Weitere berühmte Wüstenväter gelten als Begründer des anachoretischen Lebens in anderen Gebieten. Im westlichen Nildelta, zwischen Alexandrien und dem heutigen Kairo, liegen die berühmten Mönchssiedlungen Nitria, Kellia und Sketis. Nitria, die am nördlichsten gelegene Gegend, wurde von Amun (gest. 352) als Ort der Anachorese gewählt. Nachdem die Gegend offensichtlich von Mönchen richtiggehend überschwemmt wurde, gründete er zusammen mit Antonios etwa 12 Meilen weiter südlich die Siedlung Kellia (Antonios 34), die heute archäologisch gut erforscht ist. Die gemachten Funde (allerdings aus etwas späterer Zeit) eröffnen interessante Einblicke in das Leben der Mönche, die als Kleinstgruppen (ein Abbas, ein bis zwei Schüler) in wenigen, aneinandergebauten Räumen lebten, die samt Garten von einer Mauer umgeben waren. Unzählige solcher Anlagen

(«Kellia») reihten sich aneinander, so daß die Anzahl der Mönche zeitweise wohl in die Tausende ging. Makarios der Ägypter (der Große) zog noch weiter in die Wüste hinein, ins heutige Wâdi Natrûn in der Sketis, wo zur Zeit noch (oder wieder) vier Klöster in voller Blüte stehen, darunter Dêr Abu Makâr, das wohl bedeutendste und einflußreichste koptische Kloster.

Aber auch in Mittel- und Oberägypten setzte ein reges Mönchsleben ein. Hier entwickelte sich neben der anachoretischen Lebensweise noch zu Lebzeiten des Antonios unter der Leitung von Pachom (Pachomius) eine streng-klösterliche (koinobitische) Form, wobei Hunderte von Mönchen in ein straff organisiertes Klosterleben eingebunden wurden.

Die hier vorliegenden Apophthegmata (insgesamt sind an die 3000 im Laufe der Zeit gesammelte Sprüche vorhanden) stammen fast alle aus dem anachoretischen Milieu, das heißt aus einer Lebenssituation, bei der – dies das Grundschema – ein Schüler den Abbas aufsucht, um von ihm einen entscheidenden Rat zu seinem Heil einzuholen. «Sage mir ein Wort!», so bittet der Schüler den Abbas, den er als Geistträger *(pneumatophoros)* und als *magnus senex* verehrt, immer wieder. Die Antwort als Hilfe auf den weiteren Übungsweg überrascht oft, denn die kommunikativen Möglichkeiten werden vielfältig eingesetzt: Nebst dem kurzen ein- und erleuchtenden Zuspruch finden wir auch das Erzählen von Gleichnissen, den Hinweis auf eine Bibelstelle, eine parabolische, auf den ersten Blick vielleicht bizarr anmutende Handlung oder auch die Verweigerung jeglicher Antwort und Abweisung des Fragenden. Nie wird Beistand grundsätzlich verweigert, etwa um auf dem eigenen Erlösungsweg schneller voranzukommen. Der Weg zu Gott kann nur über den Nächsten erfolgen; das ist eine unverzichtbare Grundhaltung. «Vom Nächsten her kommen uns Leben und Tod», sagt Antonios (Antonios 9). Andererseits wird der Schüler auch immer wieder auf seine eigene notwendige Anstrengung verwiesen.

Insgesamt können wir eine Art «Formverweigerung» feststellen, der vielleicht die Befürchtung zugrunde lag, die hierarchischen Strukturen der «alten Welt» könnten sich unversehens auch des neuen Lebens bemächtigen. Nur ganz wenige verbindliche Regeln tauchen auf. Fasten und andere Bußübungen können immer wieder zugunsten spontaner Entscheide (z. B. die Gastfreundschaft betreffend) relativiert werden.

Als unabdingbar gelten die Anweisungen, die sich auf das hingebungsvolle Gebet beziehen; sei es stehend zu bestimmten Gebetszeiten, sei es als ständig wiederholende Gebetsformel im Sinne eines meditativen Eingehens auf einzelne Bibelstellen, zum Beispiel als ununterbrochenes Anrufen Jesu. Daneben wird der Bruder auch immer wieder aufgefordert, durch Arbeit selbst für seinen Lebensunterhalt aufzukommen. Beide Anweisungen werden zusammengefaßt in der immer wieder geäußerten Aufforderung, das Kellion nicht zu verlassen, sondern darin – sitzend – auszuharren.

Als Typos des Anachoreten aus der Frühzeit dürfen wir uns also einen Mönch vorstellen, der einen großen Teil seines Tagesablaufs sitzend in seiner Zelle verbringt, versunken in meditatives Beten und Arbeiten. Selbstverständlich begegnen wir vielfältigen andern Formen, zum Beispiel den wild herumstreunenden Wanderasketen, die versuchten, auf der Stufe der Tiere ihre Unschuld wiederzugewinnen, ebenso gab es die mannigfaltigsten exzessiven Formen der Askese, es sei nur an die Säulenheiligen (die jahrelang auf einer Säule lebten), an die Dendriten (in Bäumen hausend), an die Inklusen (die sich in einer Zelle einmauern ließen) etc. erinnert. Aber gegen diese oft abwegigen Versuche hat sich die oben beschriebene Grundform durchgesetzt, und eine übertriebene und zur Schau gestellte Askese war bald einmal zumindest unter den Wüstenvätern verpönt.

In der Abgeschiedenheit der Zelle entfaltete der Mönch nun ein reiches spirituelles Leben. Verschiedene meditative Elemente markierten den Weg des unablässigen Kampfes, der aber immer auch im freudigen Bewußtsein der Gegenwart Christi stattfand.

Wenn wir immer wieder davon hören, daß zum Beweinen der Sünden im Kellion aufgefordert wird, so ist damit keine selbstquälerische Zerknirschung empfohlen. Die Gabe der Tränen soll als leibliche Empfindung das Bewußtsein verdeutlichen, daß wir uns zwar in einem Zustand der Getrenntheit von Gott befinden, aber zugleich stets der Liebe Jesu versichert sind. Tränen sind also stets auch Tränen der Freude.

Als weiteres Element sei die Achtsamkeit erwähnt, zu der immer wieder eindringlich gemahnt wird. Wenn es heißt: «Achte auf dich selbst!», so wird damit volle Aufmerksamkeit in bezug auf das Innenleben, den «Kampf des Herzens», gefordert. Dies betrifft unter anderem vor allem den Umgang mit den Gedanken. Wohl erscheint die Gedankenwelt oft dämonisiert, das heißt, der schlechte Gedanke nähert sich von außen in der Gestalt eines Dämons. Aber zugleich wissen die Wüstenväter sehr wohl um die Zusammenhänge, die zwischen der inneren Haltung, der Bereitschaft, schlechte Gedanken aufzunehmen, und dem Ansturm der Dämonen besteht. Damit entdecken sie die Abgründe der psychischen Innenwelt und die dafür zuständige Ichkraft, die oft zum Scheitern verurteilt scheint, falls ihr Erstarken nicht in der Übung des ständigen Aufrichtens gefördert wird.

Dieses Wissen um die Schwäche führt zu einem der grundlegendsten Übungselemente: der Demut. Es wird eindringlich davor gewarnt, andere zu beurteilen oder sich selbst als besonders erfolgreich zu erachten. «Anfängergeist» ist die Tugend, ohne die keine anderen Tugenden möglich sind. Das kann so weit gehen, daß der Abbas sofort bereit ist zum Rollentausch, den Schüler zum Abbas und sich zum Schüler erklärt, wenn seine Demut sonst angefochten würde.

Schließlich wäre zu fragen, was bei solch intensivem Üben denn konkret erwartet wurde, auf welche Ziele der Blick gerichtet war. Dabei gilt es zu bedenken, daß die angesprochenen Erfahrungsinhalte an der Grenze sprachlicher Vermittlung lagen, was die Wüstenväter sehr wohl wußten. Unsere Quellen haben nicht nur einen unliterarischen Charakter, weil man nicht beabsichtigte, «Literatur» zu schaffen, sondern auch weil die Form selbst der unmittelbaren Erfahrung nahestehen sollte, um den Hörer und späteren Leser durch Kürze und unerwartete Wendungen unversehens ins Geschehen einzubeziehen. Die gemachten und zu machenden Erfahrungen wurden also, wenn überhaupt, in einem breiten Fächer von Bildern angetönt. Diese hatten gewissermaßen noch Anteil am Geheimnis des Erlebten und konnten eigentlich nur vom Selbst-Erfahrenen eingesetzt und vermittelt werden. Wenn von wesentlichen Grenzerfahrungen gesprochen wird, so geschieht dies oft unter Einbezug auch der leiblichen Wirkungen. Mit der Abkehr von der Welt und ihren sozialen Bindungen im Sinne eines Emanzipationsversuchs vom «fleischlichen» Menschen soll der Geist leichter in die Nähe Gottes gelangen; damit verändert sich auch die leibliche Erscheinung eines Menschen, er findet seine ursprüngliche Natur (Adam vor dem Sündenfall) wieder, sein Imago-Dei-Aspekt wird sichtbar. Von einer verklärten Leiblichkeit, vom Werden wie Feuer, wird uns an verschiedenen Stellen berichtet. Zurückhaltender wird die Nähe am Göttlichen mit dem unübersetzbaren griechischen Begriff *hesychia* umschrieben. Dabei handelt es sich um einen Zustand meditativer Ruhe (manchmal mit «Herzensruhe» übersetzt), des vollkommenen Friedens, der Vorwegnahme künftiger Seligkeit. Ein solches Leben wird auch «engelgleich» genannt, wobei jedoch vor der Gefahr unangebrachter Entrückung aus den Bedingungen der Schöpfung gewarnt wird.

Wenn für all die erwähnten Elemente und Erfahrungen eine entsprechende äußere, leibliche Form anzugeben ist, so wird man unweigerlich auf das Sitzen in meditativer Haltung verwiesen. Hier entspricht der Demut und inneren Stille, der inneren Wachheit und Gelöstheit eine äußere Haltung aufs genaueste. Daß bei den Wüstenvätern so oft vom Sitzen die Rede ist, kann nicht Zufall sein, und es ist damit weder ein «Sich-Aufhalten»/«Wohnen» gemeint noch einfach ein gemütlich-entspanntes Hocken. Offensichtlich gehörte das Sitzen zum Übungsprogramm der Wüstenväter.

*

Die vorliegende Textsammlung hat in ihrer Folge einen nur ganz lockeren Zusammenhang. Zwischen einzelnen Sprüchen ist die thematische Verbindung zum Vorangehenden oder Nachfolgenden bemerkbar. Eine Anordnung der Sprüche nach Namen oder Quellen würde (besonders bei der biographisch oft nicht geklärten Zuordnung zu einzelnen Vätern) einen unberechtigten Eindruck von geordneter Vollständigkeit erwecken.

Der Leser und die Leserin mögen also bedenkenlos in beliebiger Folge Texte zum Lesen auswählen, vielleicht sogar in der Annahme, daß diese Wahl nie ganz zufällig sein wird.

Wer sich über längere Zeit der Welt der Wüstenväter (und der vereinzelten Wüstenmütter) zu nähern versucht, wird möglicherweise bald nach einer umfassenden Ausgabe der

Sprüche (z.B. der Ausgabe von MILLER; s. Hinweise zu den Quellenangaben und Literaturliste) greifen. Erst dann wird der ganze Reichtum und die umfassend weite Sicht dieser frühen christlichen Spiritualität deutlich. Eine Spiritualität, die uns auch heute noch – ihrer ursprünglichen Absicht entsprechend – durch unsern Alltag begleiten könnte.

Fort, nach Hause!

Ein Bruder kam in die Sketis zum Altvater Moses und begehrte von ihm ein Wort. Der Alte sagte zu ihm: «Fort, geh in dein Kellion und sitze. Das Kellion wird dich alles lehren.»
Moses 6 (Ap 500)

Wie beschwerlich war das Wandern durch die Wüste, um schließlich bei einem verständigen Alten ein Wort zu erbitten! Abbas Moses aber weist den Bruder ziemlich unfreundlich ab und schickt ihn wieder nach Hause. Was meint er damit? Und wo ist das «zu Hause», das Kellion?

Mit Kellion meint Abbas Moses unser Herz. Die Antwort auf eine wirklich wichtige Frage kann man nur bei sich selbst, im eigenen Herzen finden. Wie findet man das eigene Herz? Indem man sich hinsetzt; das heißt: aufhören, voller Ziele in der Welt herumzulaufen. Man sitzt und läßt die tausend Dinge draußen vorbeiziehen. Man wird still und hört hin. Mehr ist nicht zu tun. Das Kellion – dein eignes Herz – wird uns alles lehren.

Der Bruder ist nicht vergebens zu Abbas Moses gekommen!

Ich bin müde

Ein Bruder besuchte einen bewährten Alten und sagte zu ihm: «Ich bin müde und leide.» Der Alte sagte: «Setze dich in dein Kellion, und Gott wird dir Erleichterung verschaffen.»

Anonymus (N 147)

Sagt der Alte dem Bruder etwas, was dieser nicht schon wüßte? Sitzt er nicht ohnehin – bei Tag und bei Nacht – viele Stunden in seinem Kellion? Käme er denn hierher, wenn ihn nicht der Zweifel treiben würde?

Das Eingestehen der Mühe, das Hören der Stimme eines Menschen, der sich mir zuwendet, sind wie Atemholen zu neuer Zuversicht.

Wenn der Schnee vom Zweig rutscht, schnellt dieser erleichtert empor. Der Himmel ist derselbe, doch der Frühling ist näher.

Vergebliches Sitzen

Abbas Ammonas pflegte zu sagen: «Es kann einer hundert Jahre im Kellion verbringen, ohne zu lernen, wie man im Kellion sitzen muß.»   Poimen 96 (Ap 670)

Und jetzt? Wo ist die Lehre? Wie muß man sitzen?

Wie läßt sich das Überqueren des Nils auf einem Kroko-dil üben?[1]

Es ist ein Irrtum zu meinen, alles ereigne sich von selbst. Ebensowenig sollte man sich darauf verlassen, daß es im Kellion eine Zeit zum Üben gebe. Solche Sichtweisen sind nicht förderlich. Wenn jemand üben will, soll er üben; wenn jemand sitzen will, soll er sitzen. Festzulegen, was das eine mit dem andern zu tun hat, ist ein Spiel mit leeren Begriffen.

Lernen heißt einsehen: Wer sitzt, ist von der Wirklichkeit, die er sucht, schon eingeholt.

Antonios sitzt auf dem Berg

Das Bewunderungswürdige bei Antonios war, daß er nur auf dem Berge[2] saß, sein Herz so wach und nüchtern hielt, daß der Herr ihm zeigte, was in der Ferne geschah.

Eines Tages saß er und arbeitete, und plötzlich geriet er wie in Ekstase, und während der Vision seufzte er tief. Nach einer Stunde wandte er sich seufzend an die Anwesenden, begann zu zittern, stand auf, betete, beugte die Knie und blieb lange so. Dann stand der Alte auf und begann zu weinen. Da wurden auch die andern von Zittern und großer Furcht ergriffen…   Vita Antonii (c. 59,6; 82,4)

«Berg» steht für Elemente, die den berühmten Mönchsvater Antonios bei den vielen Besuchern auszeichnen: Himmelsnähe, Einsamkeit und Überblick.

Seine Praxis ist das Sitzen: nüchtern, wachsam und zugleich entrückt.

Ein Mädchen (!) meint zu Arsenios: «Wenn du ein Mönch bist, dann geh auf den Berg!»[3]

Jeder sollte ab und zu auf den Berg steigen: Mit wenig Gepäck und leichten Schrittes. Nicht um einen Gipfel zu besitzen, sondern um in der Stille – sitzend – besser zu hören.

Sitzen gegen große Verwirrung

Ein Bruder fragte einen Alten: «Was soll ich tun, Vater, ich vermag mich nicht mehr meinem Mönchswerk zu widmen, sondern ich bin in allem nachlässig, beim Essen, Trinken und Schlafen und auch bezüglich schändlicher Gedanken. So bin ich in großer Verwirrung und gehe einmal dieser Sache, dann wieder jener nach, folge einmal diesen Gedanken, einmal jenen.»

Da sagte der Alte: «Setze dich in dein Kellion und tue (das wenige), was du ohne Verwirrung vermagst. Ich meine: Das wenige, das du gerade zu tun vermagst, entspricht dem großen Werk des Abbas Antonios auf dem Berg. Ich vertraue darauf, daß, wer in Gottes Namen im Kellion sitzt und über sein Gewissen wacht, sich schon dort befindet, wo auch Antonios ist.»   Anonymus (N 202)

Nachlässigkeit, leichtfertige Sorglosigkeit, Aufgeben der Achtsamkeit zerstreuen uns ins Flachland. Es beginnt zielloses Irren.

Zurück zum Anfängergeist!

Was zu tun ist, sollen wir ohne Verwirrung tun, ohne quälendes Nachfragen, ohne zögerliches Abwägen, ohne Frage nach dem Weg, sondern voll Vertrauen in der Haltung wachsamen Sitzens. Das heißt auf dem Berg sein.

Ein wenig sitzen

Ein Bruder fragte Abbas Sisoes:

(Erzähle) wie du – als du noch mit Abbas Or zusammen warst – die Sketis verließest, um hier zu sitzen.

Da erzählte der Alte: «Es war, als die Sketis sich immer mehr mit Mönchen füllte, da vernahm ich, daß Abbas Antonios gestorben war. Ich stand also auf und kam hierher auf den Berg. Hier fand ich Herzensruhe, hier wollte ich ein wenig sitzen.»

Da fragte der Bruder: «Wie lange bist du nun schon hier?»

Der Alte antwortete: «Seit 72 Jahren.» Sisoes 28 (Ap 831)

Auf dem Berg: Man findet, und man wird gefunden.

Wer Herzensruhe kostet, wird nur noch wenig wollen. Sisoes hat das wenige gut verteilt auf viele Jahre. So schnell kommt keiner zu Rande mit dem Sitzen. (Und die Väter saßen bei Kälte, bei glühender Sonne, in der Nacht, bedrängt von Dämonen, von Hunger und Durst geplagt, unter Tränen des Getrenntseins von Gott gedenkend.)

Langsam erlischt der Zweifel – Gedachtes – zwischen Frage und Antwort.

Berg und Matte

Man erzählte von Abbas Sisoes:

Als er nach Klysma (Suez) kam, wurde er krank [schwach][4]. Wie er nun mit seinem Schüler im Kellion saß, da war plötzlich ein Klopfen an der Tür. Der Alte merkte auf und sagte zu seinem Schüler: «Sage dem, der da klopft: Ich, Sisoes, auf dem Berg. Ich, Sisoes, auf der Matte.»

Als der (Klopfende) das hörte, wurde er unsichtbar und verschwand.   Sisoes 50 (Ap 853)

Plötzlich dieses klopfende Unterteilen der vergessenen Zeit. Weshalb nicht: die Türe öffnen und doch noch etwas von der entschwindenden Welt erhaschen?

Sisoes wehrt ab: Sein Ort ist das Sitzen, draußen in der Wüste (auf dem Antonios-Berg), in Niedrigkeit auf der Matte. Nahe bei Gott und zugleich – in aller Schwachheit – noch hier.

Weshalb sollte man zu später Stunde irgendwohin gehen wollen?

Nichts bringt soviel Nutzen wie das Sitzen

Ein Bruder begab sich zu Abbas Serapion. Dieser forderte ihn auf, der Gewohnheit entsprechend ein Gebet zu verrichten. Der Bruder aber bezeichnete sich als Sünder, der des Mönchsgewandes unwürdig sei, und weigerte sich zu beten. Da wollte ihm Serapion die Füße waschen, was der Bruder mit denselben Worten verwehrte und nicht zuließ. Um ihn zumindest zum Essen zu veranlassen, begann Serapion zu essen. Und er ermahnte den Bruder und sprach:

«Kind, wenn du Nutzen finden willst, harre aus in deinem Kellion, achte auf dich selbst und deine Handarbeit. Das Ausgehen bringt nämlich nicht soviel Nutzen wie das Sitzen.»

Als der Bruder dies hörte, ärgerte er sich, und sein Aussehen veränderte sich so, daß sein Unmut dem Alten nicht verborgen blieb. Da sagte Abbas Serapion zu ihm:

«Bis jetzt sagtest du, du seist ein Sünder, klagtest dich selbst an, des Lebens nicht würdig zu sein. Und nun habe ich dich in Liebe ermahnt, und du wirst dermaßen ungehalten? Wenn du demütig sein willst, so lerne, was andere dir zutragen, deiner Berufung entsprechend anzunehmen, und halte dich zurück mit unnützen Reden.»

Als der Bruder dies hörte, fiel er dem Alten zu Füßen und ging dann mit großem Gewinn weg. Serapion 4 (Ap 878)

Was soll das Gejammer dieses Spaziergängers?

Ich hätte es gut verstanden, wenn Serapion den Heuchler mit seinem Stock aus dem Kellion gejagt hätte. Und in der Tat, der Abbas zielt gut. Mit seinen (Rat-)Schlägen trifft er den Bruder, und dieser kann die Wunde seiner Bitterkeit nicht mehr verbergen.

Ist der Bruder ärgerlich, weil er zum Arbeiten aufgefordert wird? Nein, es ist die scheinbare Banalität der Anweisung, dieses Bestehen darauf, daß nichts Außergewöhnliches, nichts, was vorgewiesen werden könnte, zu leisten ist. Das bringt den Bruder in Wut. Im verborgenen: Achtsamkeit auf sich und die Arbeit. Sitzen bleiben. Das ist alles. Demut.

Du lebst noch? Sitze!

Einst hatte Paesios, der Bruder von Abbas Poimen, eine Beziehung zu jemandem außerhalb seines Kellions. Dies wollte Abbas Poimen nicht, und er stand auf und floh zu Abbas Ammonas und sagte zu ihm: «Paesios, mein Bruder, hat mit jemandem eine Beziehung, und dies läßt mich nicht mehr zur Ruhe kommen.»

Darauf erwiderte Abbas Ammonas: «Poimen, du lebst noch? Fort, setze dich in dein Kellion, und präge deinem Herzen ein, daß du schon ein Jahr lang im Grab bist!»

Poimen 2 (Ap 576)

Ammonas meint: Lebst du immer noch so, daß du – weshalb auch immer – aus der Ruhe gerätst?

Poimen meint guten Grund zu haben für seine Ruhelosigkeit. Aber er hat wohl ein falsches Verständnis von dem, was Antonios mit Nachdruck festhält: «Vom Nächsten her kommen uns Leben und Tod. Gewinnen wir nämlich den Bruder, so gewinnen wir Gott…»[5]

Vorerst gilt es, sich der vorübergehenden Dunkelheit des Kellions anzuvertrauen: sitzend und doch schon fast auferstanden.

Diese Erfahrung zulassen: Dem Geborenwerden folgt das Sterben. Man sollte sich nicht allzusehr von der Frage ablenken lassen, ob es eine dazwischenliegende Zeitspanne gebe, um etwas zu erledigen oder zu vollbringen.

Der Hörer ahnt den Fortgang der Geschichte, die – mit Absicht – nicht zu Ende erzählt wird:

Aus dem Tod das Leben. Sterbend geboren in IHM. Nicht nur Abschied, auch Freude im Herzen.

Sitzen, ohne etwas mitzubringen? Unmöglich!

Wenn ein Mensch in seiner Seele etwas Göttliches (eine Sache von Gott) hat, dann vermag er in einem Kellion zu sitzen, auch wenn er nichts von dieser Welt hat. Aber auch wenn ein Mensch etwas von dieser Welt hat, dazu allerdings nichts Göttliches, wegen des Weltlichen vermag auch er im Kellion zu sitzen. Wenn einer aber überhaupt nichts hat, weder Göttliches noch Weltliches, ein solcher vermag keinesfalls im Kellion zu sitzen.»   Johannes Kolobos S 4

Einige können sich ein Stück Himmel bewahren. Gott scheint bei ihnen ein- und auszugehen, und ihr Sitzen ist vollkommen. Andere folgen den verschlungenen Wegen der Schöpfung, und sie sitzen geduldig mit oft beschwerlichen Weltresten.

Aber beide sind entschlossen zum Dasein – und zum Staunen. Ohne Staunen – kein Sitzen.

Keine Besuche – Weitersitzen

Ein Bruder in Kellia befeuchtete seine Palmzweige, und als er sich setzte, um zu flechten, kam ihm ein Gedanke: «Geh und besuche jenen Alten!» Da sagte er zu sich: «In einigen Tagen will ich gehen.» Der Gedanke redete weiter auf ihn ein: «Wenn der Alte nun stirbt? Was machst du dann? Geh und sprich mit ihm, jetzt ist (Ernte-)Zeit.» Der Bruder sagte bei sich: «Aber nein, jetzt ist nicht die rechte Zeit.» Und wieder bedrängte ihn der Gedanke: «Aber, wenn du die Binsen schneidest, dann ist der rechte Zeitpunkt sicher gekommen.» Da sagte er zu sich: «Ich flechte diese Palmblätter fertig, und dann will ich mich aufmachen.» Aber dann sagte er sich: «Heute ist die Luft so frisch!» Und er stand auf, ließ seine befeuchteten Palmzweige liegen, nahm seinen Mantel und ging.

Es lebte in seiner Nachbarschaft ein hellsichtiger Alter, und wie der ihn davoneilen sah, schrie er ihn an: «Gefangener, Gefangener, komm hierher!» Und als der Bruder bei ihm war, sprach er: «Kehre zurück in dein Kellion!» Und der Bruder erzählte ihm von seinem Kampf. Als er in sein Kellion zurückgekehrt war, warf er sich voll Reue und neuer Zuversicht zu Boden. Die Dämonen aber riefen mit lauter Stimme: «O Mönche, ihr habt uns besiegt!» Da wurde die Matte unter ihm brennendes Feuer, und die Dämonen entschwanden wie Rauch.   Anonymus (N 278)

Gute Gedanken lassen sich schwer abweisen. Sind wir denn nicht aufgerufen, unsern Mitmenschen Gutes zu tun? Einem guten Gedanken nachzugehen und ihn zu verwirklichen, macht es uns nicht glücklich? – Vielleicht aber auch stolz.

So schnell sind wir – ohne es zu merken – Gefangene.

Gefangene des Anspruchs an uns selbst, überall einzugrei-
fen, wo etwas nicht so ist, wie es unserer Meinung nach sein
müßte.

Der Ferne Osten hat immer um die Fragwürdigkeit des
Wertens von Handeln und Nicht-Handeln gewußt.[6] Zuerst
haben wir uns in «Ordnung» zu bringen. «Kehre zurück zu
dir selbst, sitze!» Hilfreiche Tritte und Griffe verschwinden,
und es gilt nur noch, uns gänzlich auf IHN auszurichten, auf
den, der alles Handeln wirkt und richtet.

Sitzen lernen

Ein Bruder aus der Sketis beabsichtigte, sich für die Ernte zu verdingen, begab sich aber vorher noch zu einem berühmten Alten und fragte ihn: «Sag mir, was soll ich tun? Ich trage mich mit der Absicht, zur Ernte wegzugehen.»[7]

Da fragte ihn der Alte: «Und wenn ich dir antworte, wirst du meinem Rat auch vertrauen?»

Der Bruder versprach: «Ja, ich werde auf dich hören.»

Der Alte riet ihm also: «Geh, sag deine Teilnahme an der Ernte ab, komm hierher zurück, und ich werde dir sagen, was du tun sollst.»

Der Bruder ging also, meldete seinen Verzicht auf das Ernten und kam zurück zum Alten. Dieser sprach zu ihm: «Ziehe dich zurück in dein Kellion, halte ein fünfzigtägiges Fasten[8], indem du täglich nur einmal ein wenig trockenes Brot und Salz ißt. Anschließend werde ich eine weitere Übung für dich anordnen.»

Er ging also weg, tat wie befohlen und kehrte dann zum Alten zurück. Der Alte merkte, daß der Bruder ein «Arbeiter» (das heißt einer, der sich mit großer Ausdauer bemüht) war, und so erklärte er ihm nun, wie man im Kellion sitzen müsse. Der Bruder ging zurück in sein Kellion, warf sich auf sein Angesicht und weinte drei Tage lang vor Gott.

Danach, wenn ihm die Gedanken jeweils einredeten: «Hoch hinaus hast du's gebracht, groß bist du geworden!», so hielt er sich seine Fehler vor Augen und sagte: «Und wo sind alle meine Vergehen?» Wenn sie ihm hingegen vorwarfen: «So viele Fehler hast du begangen!», so sagte er: «Aber ich habe für Gott meine kleinen Gottesdienste[9] gehalten, und ich vertraue darauf, daß Gott sich meiner erbarmt.» Und die besiegten bösen Gedanken-Geister erschienen ihm sinnlich wahrnehmbar und gestanden: «Du hast uns bezwungen.» Er fragte: «Wie das?» Sie antworteten: «Wenn wir dich erhöhten [mit Lob bedachten], dann wandtest du dich sofort zur Demut; wenn wir dich grundlos demütigten, stiegst du empor [hieltest dich aufrecht].» Anonymus (N 291)

Also ist doch ein Weg zu gehen? Ja, die Anweisung und Gegenwart des Abbas führen den Bruder zur Praxis.

Anfang und Ende jedes Schrittes ist die Demut. Vorerst: nicht nur hören, sondern Ge-horsam scheinbar gegen jede Vernunft.

Gehe hin und sage «nein» zur Welt und ihren Ansprüchen nach lebenssichernder Vorsorge. Siehst du die Lilien?

In der Restwelt deines Kellions laß deinen Leib erfahren, wie wenig Ernte er braucht.

Beim dritten Besuch – das Geheimnis: So sitzen. Wir erfahren nichts. Nur dies: Etwas geschieht, Entrückung, Erleuchtung, wer weiß, aber sicher Erschütterung im Tiefsten. Tränen der Unmittelbarkeit: Ferne und Nähe zu IHM sind eines, Grab und Auferstehung sind eine Bewegung.

«So sitzen» heißt: Außen nichts Wunderbares. Innen die Demut des aufrechten Ganges.

Einfach sitzen

Einem Bruder, der in der thebaischen Wüste saß, kam ein Gedanke: «Was sitzest du hier so unfruchtbar? Mache dich auf und geh in ein Koinobion, dort wirst du Frucht bringen.»

Er stand auf und begab sich zu Abbas Paphnutios und erzählte ihm von dem Gedanken. Der Alte sagte ihm: «Fort, setze dich (wieder) in dein Kellion: Verrichte je ein Gebet am Morgen und am Abend und eines in der Nacht. Wenn du Hunger hast, iß, wenn du Durst hast, trink, wenn du einnickst, lege dich hin zum Schlafen. Aber bleibe in der Wüste, und laß dich nicht auf diesen Gedanken ein.»

Der Bruder kam aber auch noch zu Abbas Johannes und berichtete ihm von den Ratschlägen, die ihm Paphnutios erteilt hatte. Da sagte ihm Abbas Johannes: «Du brauchst nicht einmal zu beten. Setze dich nur in dein Kellion.»

Und er stand auf und ging zu Abbas Arsenios und erzählte ihm alles. Der Alte sagte ihm:

«Halte an dem fest, was die Väter dir sagten. Mehr dazu habe ich dir nicht zu sagen.»

Voller Zuversicht ging der Bruder weg.[10]

Paphnutios 5 (Ap 790)

Wahrhaftig, der Überdruß des Bruders war groß: Drei berühmte Väter können ihn kaum davon überzeugen, daß kein Weg am Kellion-Sitzen vorbeiführt.

Was den Rat des Paphnutios betrifft, so scheint er auf den ersten Blick eine Erleichterung der Askese zu bedeuten. Aber es handelt sich – und noch mehr bei Abbas Johannes – um eine Verschärfung: jeder Rhythmus, jede noch so geringe asketische Leistung (Fasten, Wachen) wird ausgesetzt.

*Das sofortige Nachgeben gegenüber den leiblichen Bedürf-
nissen – aber das ist ja noch lange kein Schwelgen, ja vielleicht nicht einmal ein Befriedigen – löst die selbstgefälligen
Stützpunkte des asketischen Widerstandes in nichts auf. Ja
nicht einmal die regelmäßige Gebetszeit als rettende Ranke
nach oben bleibt übrig.*

Setze dich nur in dein Kellion.

*Ja, die Väter kommen ohne Umschweife zur Sache. Was
mich wirklich erstaunt, ist die Zuversicht, mit der der Bruder sich auf den Heimweg macht. Wie recht er hat!*

Geben und Lassen

Ein Bruder wurde von dem Gedanken bedrängt, seine Bleibe
zu verlassen, und er meldete dies dem Abbas. Dieser sagte zu
ihm: «Geh, setze dich in dein Kellion, und gib deinen Leib
den Mauern deines Kellions als Unterpfand, und geh nicht
mehr hinaus. Laß deine Gedanken denken, was sie wollen,
nur deinen Leib laß nicht mehr aus dem Kellion hinaus.»

Anonymus (N 205; Vp V,7,37)

«Geben» und «Lassen»: vielleicht der einzig feste Punkt.

*Laß deine Gedanken: Die Gedanken sollen ziehen, wie sie
wollen. Sie sind nicht aufzuhalten. Aber wir bauen daraus
weder Stufen noch Dämme, wir geben ihnen nichts, sich
festzuhalten. Wie lange können sie in der Leere nach Schatten haschen?*

*Gib deinen Leib: Die Geschichte Gottes als Schöpfungs-
kraft erfüllt sich (auch) in unserer Leiblichkeit. Mehr als
Leib können wir im Sichtbaren nicht zurückgeben. Im Kel-
lion-Grab keltern wir Sehnsucht – mit Leib und Seele.*

*Wenn Begehren schwindet, erscheint Kraft. ER will im-
mer hineinbrechen in uns, uns Brot und Licht sein.*

Wir sollen Antwort sein.

Sitzen – Arbeiten – Beten

Als der heilige Abbas Antonios einmal in der Wüste saß, verfiel er in Verzagtheit *(akedia)* und in tiefe Verfinsterung der Gedanken. Und er sprach zu Gott: «Herr, ich will gerettet werden, aber das lassen meine Gedanken nicht zu. Was soll ich in dieser Bedrängnis tun? Wie kann ich Rettung und Heil finden?» Bald darauf, als er hinausgegangen war (aus der Höhle), da sieht Antonios einen wie sich selbst, der sitzt und arbeitet, dann steht er von der Arbeit auf und betet, und wieder setzt er sich und flicht das Seil, dann steht er wieder zum Gebet auf. Das aber war ein Engel des Herrn, gesandt, um Antonios auf den richtigen Weg zu bringen und ihm Sicherheit zu geben. Und er hörte den Engel sagen: «Mach es so, und du wirst gerettet.» Als er das hörte, wurde er mit großer Freude und mit Mut erfüllt, und durch solches Tun fand er Rettung und Heil.   Antonios 1 (Ap 1)

Auch der große Antonios gerät in Ratlosigkeit und innere Not. Er möchte gerettet werden, aber in seinem Inneren gibt es Hindernisse. Wo liegt der Grund? In seinen Gedanken oder vielleicht in seinem Wollen?

Diese Frage nach Ursachen führt zu nichts. Das Argumentieren muß in der Vergeblichkeit des Sich-Ausstreckens versickern. Dann wird es still, und das Hören wächst, treibt aus dem Dunkel hervor ans Licht und wird Sehen. Solches Sehen ist immer geschenkt und braucht kaum der Worte. Mach es so, *das heißt: Ahme nach, was du gesehen hast. Du brauchst keine Theorien, keine Methoden zu entwickeln. Es genügt das Sitzen (in Meditation), die Arbeit und das Gebet.*

Wo bleibt da ein Ich, das verlorengehen könnte?

Kampf bleibt

«Wer in der Wüste sitzt und in der Herzensruhe *[hesychia]*
verweilt, wird drei Kämpfen entrissen: dem Hören, dem
Reden, dem Sehen. Es bleibt nur noch ein Kampf: der des
Herzens.» Antonios 11 (Ap 11)

Obwohl das Leben der Mönche mit dem der Engel vergli-
chen wird, hören wir doch immer wieder von den Mühen
und Versuchungen bis zum letzten Atemzug.
Es ist tröstlich zu wissen, daß unsere Schwäche, mit der
wir ständig zu kämpfen haben, nicht als Hindernis zu be-
trachten ist, sondern daß es auf das Spannvermögen durch
das alltägliche Mühen hindurch ankommt. Nicht in ver-
krampftem Wollen, sondern in Herzensruhe sitzen wir,
zwischen Himmel und Erde, aus dem «Immer-noch» ins
«Schon-jetzt».

Nur eines tut not

Ein Alter sagte: «Sitze in deinem Kellion, und gedenke Stunde um Stunde Gottes, und die Gottesfurcht wird dich umhüllen. Wirf alle Verfehlungen und alles Schlechte aus deiner Seele, damit du Ruhe findest.» Anonymus (GUY III,46)

Nicht nur mit den Gedanken, mit meinem ganzen Wesen, auch mit meinem Leib, will ich den warmen Ton Gottes wahrnehmen, der Wachheit erzeugt für die wahren Verhältnisse: unergründlich, wie ER unablässig Wirklichkeit ins Sein trägt. Wie zaghaft die Freude meiner Antwort.

Da ist kein Raum zum Verweilen beim Versagen, zum Auflisten von Mangel; keine Zeit zum Ordnen und Wegtragen von Begriffen und Wörtern.

Hinauswerfen – sich umhüllen lassen: Die Ruhe findet mich.

Heute König

Einst versammelten sich Brüder bei Abbas Joseph. Sie saßen
da und befragten ihn, und er freute sich. Und voller Zuversicht sagte er: «Heute bin ich ein König, weil ich über die
Leidenschaften herrsche.»   Joseph in Panepho 10 (Ap 393)

*Gegen Ende seines Lebens – nachdem er gelernt hatte, ganz
Feuer zu werden[11] – ist Abbas Joseph ein König geworden.
Doch noch als er im Sterben lag[12] – wieder saßen die Alten
um ihn herum –, wagte es der Teufel, sich an seine Tür zu
setzen. Erst als Joseph drohend einen Stab in die Höhe hielt,
schlich sich dieser wie ein Hund davon.*

*Von Meister Eckehart (ca. 1260–1328) wird eine Legende
erzählt («Von dem guten Morgen»), in der er einen armen
Menschen trifft, der offensichtlich ein vollkommenes Leben
führt.*

Der Arme sagt: «Ich bin ein König.»

Meister Eckehart: «Worüber?»

«Über mein Fleisch…»

*«Ein König muß ein Königreich haben. Wo ist denn
dein Reich, Bruder?»*

«In meiner Seele.»…

*«Du magst wohl heilig sein. Wer hat dich heilig ge-
macht, Bruder?»*

*«Das tat mein Stillesitzen und meine hohen Gedanken
und meine Vereinigung mit Gott – das hat mich in den
Himmel emporgezogen…»*

*Aufrichten und herrschen heißt: Die Begrenzung des klei-
nen Ichs verschwindet. Wir sitzen und ziehen wie leichte
Wolken durch den leeren Himmel, über das Land, darin es
schließlich nichts mehr zu beherrschen gibt.*

Seefahrer im Kellion

In deinem Kellion sitzend, sei wie die kundigen Seefahrer beim Steuern ihrer Schiffe: Achte auf den Wind und woher er kommt. Sei wachsam, hüte dich vor Hochmut und Selbstlob, denn Gott haßt, die sich selbst loben. Wenn du sitzest, lasse dich durch nichts fesseln, sei ausdauernd im Gebet, im Fasten und im Kampf, den dein Herz führt.

Paulos von Tamma[13]

Ob ganz Auge sein genügt?[14] Man sieht den Wind nicht, der aus fernen Himmeln herbeistürzt, man sieht die Abgründe nicht, gähnend unter dem Schiff.

Gedanken und Wünsche wirbeln durch uns wie Spreu, Hochmut und Selbstlob sind dunkle Tiefen unter dem selbstsicheren Bug.

Um zu sehen, muß man auch kundig werden, geübt in der Leichtigkeit, ausdauernd beim Heimführen des Ochsen.[15] Nur aus Erfahren kann wahre Einsicht werden.

Es ist ganz einfach

Ein Bruder fragte Abbas Hierakas: «Sage mir ein Wort! Wie werde ich gerettet?»

Der Alte sagte zu ihm: «Setze dich in dein Kellion. Wenn du Hunger hast, iß. Wenn du Durst hast, trink. Und sage von niemandem etwas Schlechtes, und du wirst gerettet.»[16]

Hierakas 1 (Ap 399)

Dieser Rat bedeutet: Vermeide Vorstellungen und Gefühle, die Dualität erzeugen. Laß dich nicht ein in eine Auseinandersetzung mit dem Hunger oder Durst, meine nicht, du seist etwas Besseres als deine Mitmenschen. Keine Kämpfe provozieren, die in Unruhe versetzen und die Demut gefährden. Antonios sagte: «Ich sah alle Schlingen des Feindes über die Erde ausgebreitet. Und ich seufzte und sprach: Wer kann ihnen denn entgehen? Und ich hörte, wie eine Stimme zu mir sagte: die Demut!»[17]

Rundsein zum Sitzen

Ein Bruder fragte Abbas Matoe:

«Was soll ich tun, meine Zunge bringt mich in Schwierigkeiten. Kaum bin ich unter Menschen, kann ich sie nicht mehr im Zaume halten, sondern ich beurteile die Menschen in jedem guten Werk oder tadle sie. Was soll ich tun?»

Der Alte antwortete: «Wenn du dich nicht zurückhalten kannst, fliehe und lebe für dich allein. Es ist nämlich eine (nicht geringe) Schwäche. Wer mit den Brüdern zusammensitzt, darf nicht viereckig, sondern muß rund sein, damit er sich allen zuwenden kann.»

Und er gestand: «Nicht um der Tugend willen sitze ich hier in Einsamkeit, sondern wegen der Schwäche. Die Starken sind es, die unter den Menschen leben können.»

Matoe 13 (Ap 525)

Ein immer wieder gehörter Rat: Nicht urteilen! Wer ihn ernst nimmt, kennt die Schwierigkeiten, in die er im gemeinsamen Leben führt. (Man sieht doch, wie andere ins Unglück laufen; soll man sie nicht warnen?)

Die Anweisung, rund zu sein, macht deutlich, worum es geht: Die Liebe zum Nächsten ist ohne scharfe Ränder, ohne vorsätzliche Abgrenzung und ohne Vorbehalte.

Das Sitzen in der Einsamkeit schleift die Kanten unseres Verhaltens. Argumente verlaufen sich im Sand, Vorstellungen und Begriffe sind Spiegelungen in der Luft. Das Gewahrwerden der eigenen Schwäche aber ist der sichere Ort, aus dem Offenheit zum Mitmenschen wächst.

Gott ist beim Sitzenden

Abbas Poimen sagte:

Wenn ein Bruder dich aufsucht, und du meinst, daß sein Eintreten keinen Nutzen bringt, so erforsche dein Denken und finde heraus, welcher Art der Gedanke war, bevor der Bruder eintrat, und dann wirst du erkennen, aus welchem Grund der Besuch ohne Nutzen blieb.

Wenn du dies in Demut und mit Achtsamkeit tust, wirst du mit deinem Nächsten untadelig sein, weil du deine eigenen Schwächen zu tragen hast.

Wenn der Mensch in frommer Scheu (d. h. in großer Achtsamkeit) sein Sitzen vollzieht, dann wird er nicht mehr fehlen: Gott ist dann nämlich vor ihm. Wie ich es sehe: Aus solchem Sitzen gewinnt der Mensch Gottesfurcht.

Poimen 175 (Ap 749)

Mit dem Denken die Gedanken erkunden, das ist ein guter Ratschlag. Es ist unsere Haltung, die dabei offengelegt wird. Nicht eine Innenschau interessiert hier, sondern der Nutzen des Zusammenseins.

Vor allem aber entsteht Achtsamkeit, aus der Achtsamkeit Verstehen, aus dem Verstehen Demut. So wird das Verständnis für den Nächsten klar und liebevoll. Im Nächsten ist Gott vor mir.

Wir sollten Denken und Geist nicht verwechseln! Denken kann die Gedanken prüfen. Aber Geist läßt sich nicht mit dem Geist erforschen!

Mühe beim Sitzen

Ein Bruder fragte Abbas Poimen: «Was soll ich tun, ich bin nachlässig in meinem Sitzen?»

Der Alte sagte: «Verachte niemanden, verurteile niemanden, verleumde niemanden, und Gott wird dir Ruhe gewähren, und dein Sitzen wird ohne Verwirrung sein.»

Poimen (GUY IX, 11)

Wie bezieht sich die Antwort auf die Frage? Was heißt «Nachlässigkeit»? Fehlt es an Ausdauer? Mangelt es an Konzentration? Wandern die Gedanken? Gelingt das Stillsitzen nicht?

Poimens Antwort beendet alles quälende Sich-selbst-Befragen, denn so ist das «Achte auf dich selbst» nicht gemeint. Man muß aufhören, an irgendeiner Methode herumzufeilen, in Gedanken die Stufen zu zählen, die wir vermeintlich noch vor uns haben. Wer vermag Maß anzulegen zwischen oben und unten?

Alles lassen! Aber, nicht auf Leere, sondern auf den Nächsten hin, sich staunend und liebend offenhalten. In dieser Liebe ordnet Gott jede Verwirrung.

Wie nötig aber das Bedenken des Bruders und das Stellen seiner Frage! Wir gelangen oft nicht einmal so weit.

Arbeit nach innen verlegt

Ein Bruder fragte Abbas Johannes: «Was soll ich tun? Oft kommt ein Bruder, um mich zur Arbeit abzuholen, aber ich fühle mich so elend und schwach, und ich bin zu erschöpft zum Arbeiten. Was soll ich bloß tun wegen des Gebotes (die Brüder zu begleiten)?»

Der Alte antwortete: «Kaleb sprach zu Josua, dem Sohn des Nave (= Nun): ‹40 Jahre war ich alt, als Moses, der Diener des Herrn, mich und dich aus der Wüste in dieses Land sandte. Nun bin ich 85jährig, und wie damals bin ich auch heute noch fähig, in den Krieg zu ziehen und wieder heimzukehren.› (Jos 14,7.10) So sollst es auch du halten: Wenn du vermagst hinauszugehen und wieder heimzukehren, so gehe. Wenn du es nicht vermagst, dann sitze in deinem Kellion und beweine deine Sünden. Wenn sie dich so in Trauer finden, werden sie dich nicht zwingen, aus dem Kellion zu gehen.»   Johannes Kolobos 19 (Ap 334)

Wer nicht arbeitet, draußen, an der Welt, übernimmt Trauer- und Besinnungsarbeit in seinem Innern.

Solange wir die Kraft dazu haben, mögen wir die Türe des Kellions benützen: Hinausgehen – Zurückkehren, das ist manchmal das Atemholen unseres Herzens.

Auch wer trauert und sich besinnt, ist ein Arbeiter und unterwegs, ist hier und dort und noch nicht angekommen.

Die Mühe bleibt ein unschätzbares Fahrzeug.

Sitzen mit Geduld

Ein Bruder geriet in Versuchung, und in dieser Bedrängnis gab er seine Mönchsregel auf. Und als er sich zu einem Neuanfang aufraffen wollte, war er schon so entmutigt, daß er sich sagte: «Wie kann ich mich je wieder so finden, wie ich war?» Er gab auf und vermochte das Mönchswerk nicht mehr neu zu beginnen.

Er ging zu einem Alten und berichtete ihm, was mit ihm geschehen war. Und der Alte, als er von seiner Bedrängnis gehört hatte, erzählte ihm folgendes Gleichnis:

«Ein Mensch besaß einen Acker, und aus Nachlässigkeit ließ er ihn verwildern, und es wuchsen darauf nur noch Binsen und Dornen. Schließlich beschloß er, den Acker doch wieder herzurichten, und er sagte zu seinem Sohn: ‹Geh und jäte den Acker.› Und sein Sohn ging, um ihn zu roden, aber als er sah, wie dieser mit Dornen übersät war, verlor er allen Mut und sagte sich: Wie soll ich all dies hier ausreißen und wieder herrichten? Und er legte sich hin und schlief ein. So machte er es viele Tage lang. Als nun der Vater kam, um festzustellen, was er gemacht habe, mußte er feststellen, daß der Sohn überhaupt nicht arbeitete, und er sagte zu ihm: ‹Weshalb hast du bis jetzt noch nichts getan?› Und der Junge sagte zu seinem Vater: ‹Nachdem ich hierhergekommen war, um zu arbeiten, Vater, sah ich die Unmenge Binsen und Dornen; da war ich so ratlos und in derartiger Bedrängnis, daß ich mich nur noch hinlegen konnte und einschlief.› Da sagte ihm der Vater: ‹Kind, hättest du regelmäßig täglich auch nur die Fläche deines Schlafsacks gerodet, so wäre dein Werk vorangekommen und du wärest nicht mutlos geworden.› – Als er das gehört hatte, machte er es so, und nach kurzer Zeit war der Acker gesäubert.

So mache es auch du, Bruder, arbeite stets ein wenig, und verliere den Mut nicht, und Gott wird dich durch seine Gnade wieder in den Stand deiner ursprünglichen Ordnung stellen.»

Als der Bruder dies gehört hatte, saß er weiter mit Geduld und tat, wie der Alte ihn unterrichtet hatte, und er fand Ruhe durch die Gnade Christi.   Anonymus (N 208)

Nichts Großartiges wird erzählt. Reiner Alltag. Rutschen und Trittfassen. Aber die Gefahr wächst im Gewöhnlichen (und das Rettende – meint Hölderlin – auch).

Nicht das Plakative einer einzelnen schweren Sünde, nicht das Beeindruckende eines siegreichen Kampfes wird hier vorgeführt, sondern jedermanns Bedrängnis, jedermanns Nachgeben und Zulassen.

Das Vergehen ist der Abbruch der Übung und nicht einmal der äußeren, sondern das Aussetzen der bemühenden Haltung, das Wegschieben des Widerstandes auf dem Schiefen.

Der Neubeginn: Jede mögliche, noch so kleine Einheit, wiederholt, ist Anhalt und unverzichtbar. Sitzen als Arbeit in der Senkrechten, als Einfachstes kippt es zum Schwierigsten und zurück, von der Bergflanke zur Sichtweite, verankert und Schritte sicher führend.

Wenig tun und dies stetig hin zur Ruhe, der vollkommen geschenkten, noch vor unserem Wollen.

Weg nach außen – Weg nach innen

Über einen Bruder, der in Sünde gefallen war, wurde erzählt, daß er sich deshalb Abbas Lot anvertrauen wollte, bei diesem jedoch ganz verstört eintrat und wieder hinausging und einfach nicht stillzusitzen vermochte.

Da sagte Abbas Lot zu ihm: «Was hast du, Bruder?»

Dieser antwortete: «Ich beging eine schwere Sünde, aber ich vermag sie euch Vätern nicht zu bekennen.»

Da sagte der Alte: «Sprich mit mir darüber, und ich werde sie (mit dir) tragen.»

Da gestand er: «Ich bin in Unzucht gefallen und habe deswegen (den Göttern) geopfert.»[18]

Der Alte darauf: «Fasse Mut, Umkehr (Reue) ist möglich: Geh, setze dich in deine Höhle und faste jeden zweiten Tag, und ich werde die Hälfte deiner Sünde mit dir tragen.»

Nach drei Wochen hatte der Alte die Gewißheit, daß Gott die Reue des Bruders angenommen hatte. Der Bruder blieb dem Alten gehorsam bis zum Tod. Lot 2 (Ap 448)

Weshalb bleibt der Bruder nicht einfach in seiner Höhle sitzen und bereut seine Sünde?

Der innere Weg zur Umkehr (metanoia) wird auch äußerlich vollzogen, und erst so wird er zu einer fruchtbaren Erfahrung.

Erst bei Abbas Lot wird die ganze Verstörung, Unordnung und Unruhe, in die der Bruder durch seine Sünde geraten ist, sichtbar. Zu viele Türen sind offen, und der Bruder geht mit jedem (Gedanken) ein und aus: Welch sinnlose Flucht!

Das Innehalten und Hinwenden zum Du wird Umkehr-Punkt und neuer fester Halt. Dem Rückfall in die Ich-Bezo-

*genheit – und das ist mit Unzucht gemeint – muß die Ent-
äußerung im Anvertrauen folgen.*

*So wird der Weg nach innen wieder frei. Im Augenblick
der Umkehr wird die Liebe des Abbas wirksam, und seine
Weisung erhellt das Bekannte mit neuem Sinn: sitzen und
nur das Nötigste an Welt begehren. Du bist nicht allein.*

Wo wäre da Raum für Tadel und Strafe?

Sitzarbeit: im Kopf!

Ein Bruder wurde von der Unzucht bedrängt und begab sich zu einem berühmten Alten und bat ihn: «Tu mir doch etwas zu lieb und bete für mich, denn ich werde von der Unzucht bedrängt.»

Der Alte bat bei Gott für ihn. Da kam jener ein zweites Mal mit derselben Bitte, und der Alte fuhr eifrig fort, Gott für ihn anzurufen, bat aber Gott zugleich: «Verrate mir doch die Sitzweise dieses Bruders und woher diese (schlechte) Energie kommt, daß er, trotz meiner Fürbitte, keine Ruhe finden kann.»

Und Gott enthüllte ihm die Eigenart des Bruders: Er sah ihn sitzen, und nahe bei ihm war der Geist der Unzucht. Ein Engel, der gesandt war, ihm zu helfen, stand da und war aufgebracht, weil der Bruder seine Zuflucht nicht zu Gott nahm, sondern lustvoll seine Gedanken hegte und der Begierde sein ganzes Denken überließ.

Da erkannte der Alte, daß die Ursache im Bruder selbst lag, und er sagte zu ihm: «Du selbst stimmst ja deinen Gedanken zu!» Und er lehrte ihn, wie den Gedanken zu widerstehen sei, und durch das Gebet und die Belehrung des Alten kam der Bruder zur Besinnung und fand Ruhe.

Anonymus (N 169)

Sitzen ist auch eine Sache des Kopfes und vor allem des Herzens!

Weder himmlische Mächte (Engel) noch irdische Fürbitter (Abbas) können etwas ausrichten, solange der Bruder sich in seinem Herzen nicht aufrichtet.

Hilfe – durch das Gebet und die Belehrung des Abbas und durch die Gnade Gottes – ist erst möglich, wenn wir uns in geschenkter Freiheit auch immer wieder zu echtem Bemühen verpflichten.

Nüchterner, selbstverantworteter Umgang mit den Gedanken und sich Gott in die Arme werfen sind eine Bewegung. Besinnung und Ruhe.

Kämpfe

Abbas Moses wurde einmal (durch die Dämonen) in einen so heftigen Kampf gegen die Unkeuschheit verwickelt, daß er nicht mehr im Kellion zu sitzen vermochte, sondern sich aufmachte, um Abbas Isidoros davon zu berichten. Der Alte forderte ihn auf, in sein Kellion zurückzukehren, was dieser jedoch ablehnte, indem er sagte: «Ich kann nicht, Vater!»

Da nahm ihn Abbas Isidoros und führte ihn aufs Dach und sagte: «Schau nach Süden!» Und wie er genau hinschaute, sah er eine unzählbare Menge von Dämonen, die waren in Unruhe und lärmten kriegerisch. Da sagte Abbas Isidoros wiederum: «Schau nach Osten!» Er blickte hin und sah die Herrlichkeit einer unzählbaren Schar von heiligen Engeln. Und Abbas Isidoros sagte: «Siehe, diese hat der Herr den Heiligen zur Hilfe gesandt. Die im Westen sind die, die gegen uns Krieg führen. Mehr aber sind mit uns.» Da dankte Abbas Moses Gott, faßte Mut und kehrte in sein Kellion zurück.   Moses 1 (Ap 495)

Abbas Moses war ein dunkelhäutiger Äthiopier und wurde noch als Mönch deswegen immer wieder verspottet. In seiner Jugend Sklave, jagte man ihn wegen Unbotmäßigkeit davon. Er ging unter die Räuber und wurde später dank seiner Kraft und Ausdauer deren Anführer. Es wird behauptet, er habe sogar einen Mord begangen. Als er von den Anachoreten in der Wüste hörte und diese aufsuchte, war er so beeindruckt, daß er sich dem Priestermönch Isidoros anschloß, der ihn mitnahm zum großen Abbas Makarios. Viele Jahre lang lebte er in der Sketis und litt unablässig unter größter Versuchung. Nach schwerer Krankheit ließen die Versuchungen nach, und er wurde zum Priester geweiht. Mit

75 Jahren starben er und sechs seiner Brüder unter der Hand marodierender Berber (Maziken), die um 410 die Sketis verwüsteten.

Es gibt ein «totes» Sitzen, das man sich eingestehen sollte, bevor alle Zuversicht sich zuknüpft. Moses, der weiß, daß das Kellion den Sitzenden alles lehrt, schämt sich nicht, seine Not zu gestehen und um Hilfe bei Isidoros zu bitten. Es ist gut, sich in der Hinwendung zum Nächsten nicht mehr schmerzlich verlassen, sondern gemeinsam inmitten eines umfassenden Geschehens zu wissen.

Über den Dächern eröffnet sich Ausblick: Schrecken und Trost. Sehen löst Ängste, und Mut kommt zurück. Im Kellion, im Herzen: Nie sitzt man – bei aller Schwäche – allein.

Das Leben von Moses war ein ständiger Kampf, daher seine Demut.

Richtig sitzen

Ein Alter sagte: «Durch das richtige Sitzen im Kellion wird dem Mönch die Fülle des Guten zuteil.» Anonymus (N 116)

Welche Zuversicht! Das Richtige (und damit ist im grie-chischen Verständnis auch das Schöne gemeint) führt zum Guten.

Das ist keine Frage der Philosophie, sondern die Antwort der Erfahrung. Durch die geringste Stimmigkeit, die wir uns übend täglich zumuten, wird das Ganze mit Ordnung und Sinn versetzt. Einige nennen es die Süßigkeit des Kellions.

Sitzen – Gedanken sammeln

Während du in der Stille *[hesychia]* deines Kellion sitzest,
sammle deine Gedanken ...[19]   Evagrios 1 (Ap 227)

Was heißt das: «Gedanken sammeln»? Muß ich die Gedanken auswählen, einige zulassen, andere wegschicken? Welchen soll ich festhalten, und halte ich den richtigen fest? Läßt er sich überhaupt festhalten?

Woher kommen die Gedanken, immer wieder und so hartnäckig?

Wer ist es – in mir –, der meint, über das Bedenken der Gedanken nachdenken zu können?

Die Gedanken möchten die Wirklichkeit festhalten. Zumindest kleinste Stückchen davon, vielleicht nur für Augenblicke. Manchmal ist es nötig, sich nicht so sehr um die Art und die Inhalte der Gedanken zu kümmern, sondern nach dem Raum zu blicken, der frei wird, während wir sie sammeln.

Die Bewegung, die allem Festgehaltenen zugrunde liegt, ist erfahrbar – und läßt sich umkehren.

Sitzen vor dem Gottesdienst

Von Abbas Poimen wurde erzählt:

Wenn er zum Gottesdienst gehen wollte, saß er für sich alleine und beurteilte seine Gedanken ungefähr eine Stunde lang, und so (vorbereitet) kam er (aus seinem Kellion) heraus.   Poimen 32 (Ap 606)

Der Gottesdienst beginnt innen: Bevor wir hinaustreten, sollten wir ein wenig Ordnung machen. Viel mehr wird nicht mitgeteilt, und Poimens Arbeit bleibt unsichtbar.

Der Spruch will, was Poimen auch wollte: uns einen Einstieg zur Nachahmung anbieten. Ohne Vorbehalte und ohne zu zögern beginnen wir immer wieder neu: eine ruhige Zeit des Sitzens, alleine, auf das Denken achtend.

So beginnt Gottesdienst. Auch der des Alltags: Vieles findet sich, das zum Lobe Gottes getan werden könnte.

Der Narr mit den zwei Körben

In Palästina lebte ein Mönch, der so tat, als ob er verrückt sei. Jedesmal, wenn ihm ein Bruder begegnete, begann er schallend zu lachen, so daß jedermann von ihm abließ und davonging.

Eines Tages besuchten drei Brüder Altvater Silvanos, der in der Nähe wohnnte, und baten diesen, ihnen alle Mönche der Umgebung vorzustellen. Silvanos bestimmte einen Begleiter für die Gäste, sagte ihm aber heimlich, er solle, um jede unangenehme Verwirrung zu vermeiden, den Verrückten nicht besuchen. Die drei kamen zurück und bemerkten bekümmert, daß sie nicht alle Brüder gesehen hätten. Ein weiterer Rundgang wurde verabredet, wieder ohne den Verrückten zu besuchen, obwohl die drei inständig darum baten, alle Brüder in ihren Kellia besuchen zu dürfen. Schließlich reisten die drei wieder ab, nicht ohne ihr Bedauern auszudrücken, weil sie nicht alle Mönche gesehen hatten.

Silvanos macht sich nun sofort auf, um den Verrückten selbst zu besuchen, da er ein Geheimnis um diesen vermutet.

Ohne zu klopfen und leise die Türe öffnend, betritt er das Kellion des Verrückten. Dieser sitzt meditierend da, zwei Körbe neben sich, einer zu seiner Rechten, einer zur Linken. Wie der Bruder Abbas Silvanos bemerkt, beginnt er das gewohnte schallende Gelächter. Silvanos fährt ihn an: «Hör sofort auf damit, und erkläre mir deinen Übungsweg!» Der Verrückte hört nicht auf zu lachen. «Du weißt sehr wohl», fährt Abbas Silvanos fort, «daß ich mein Kellion nur samstags und sonntags verlasse. Aber heute, mitten in der Woche, komme ich zu dir, weil Gott mich schickt.» Erschrocken verbeugt sich der Bruder und erklärt:

«Vater, verzeih mir! Jeden Morgen setze ich mich hin und

lege diese Kiesel vor mich. Kommt mir ein guter Gedanke, so werfe ich einen Kiesel in den Korb zu meiner Rechten, kommt mir ein schlechter Gedanke, werfe ich einen Kiesel in den Korb zu meiner Linken. Abends zähle ich die Kiesel: hat es im rechten Korb mehr als im linken, so esse ich. Sind aber im linken Korb mehr, so esse ich nichts. Am andern Tag, wenn wieder ein schlechter Gedanke daherkommt, sage ich zu mir selbst: ‹Paß auf, was du tust, sonst wirst du auch heute nichts essen!›»

Voller Bewunderung sprach Abbas Silvanos: «Wahrhaftig, die drei Väter, die mich besuchten, waren heilige Engel, die diese Tugendkraft offenbar machen wollten. Wahrhaftig, eine große Freude und eine tiefe Weisheit haben sie mir durch ihr Kommen geschenkt.»

Anonymus (N 408; GUY VIII,32)

So ernst müßten auch wir unsere Gedanken nehmen. Gedanken wirken wie Taten; etwas verborgener vielleicht. Die Frage ist nicht, ob wir die Gedanken selbst produzieren oder ob sie uns zufallen. Es geht darum, ob wir sie in uns beherbergen wollen. Auf diesem Übungsweg wollte der verrückte Bruder ungestört bleiben. Es ist ein schwieriges Unterfangen, die guten von den schlechten Gedanken zu unterscheiden, weil man dabei äußerst ehrlich sein muß. Eine noch größere Kunst ist es, die schlechten Gedanken oder manchmal die Gedanken überhaupt abzuweisen. Je mehr wir uns wehren, desto übermütiger bestürmen sie uns.

Schließlich sollten wir unsere Aufmerksamkeit auf den richten, der am Tor steht.

Die Gedanken kehren zurück

Ein Bruder fragte einen Alten: «Meine Gedanken treiben sich herum, und das bedrückt mich.»

Der Alte sagte zu ihm: «Setze dich in dein Kellion, und sie werden wieder zu dir zurückkommen. Denn wie das Füllen einer angebundenen Eselin einmal hierhin, dann wieder dorthin springt, weggeht und doch wieder zu seiner Mutter zurückkehrt, so werden auch die Gedanken, nachdem sie sich ein wenig herumgetrieben haben, zu dem zurückkehren, der um Gottes willen (sitzend) im Kellion ausharrt.»

Anonymus (N 198; Vp V,7,30)

Es scheint, als ob es hier um gute Gedanken ginge, die wir mit Zuversicht beherbergen möchten; nach der Rückkehr der schlechten Gedanken sollte sich kaum jemand sehnen.

Solche Unterscheidungen lenken ab. Kein Gedanke ist uns ganz fremd; was wir denken, gehört zu uns, und es gibt keinen Grund, erleichtert zu sein, wenn sich die Gedanken davonmachen, um sich herumzutreiben in Zonen, in denen sich uns die Sicht auf ihr Wesen verdunkelt.

Alle Gedanken gehen uns an. Wenn wir ihnen allerdings nachjagen, um sie mit Gewalt in unsere Aufmerksamkeit zu zwingen, dann werden sie sich uns ganz entziehen.

Scheinbar kümmern wir uns nicht um ihr Kommen und Gehen. Wir warten, bis sie von selbst und freiwillig zurückkommen. So wünschen wir also nicht, daß die schlechten Gedanken wegbleiben, sondern daß es für sie in unserem Herzen kein Bleiben mehr gibt.

Das Denken wird geordnet, weil wir um Gottes und nicht um der Gedanken willen sitzen.

Gedankentiere – Baumgebete

Abbas Johannes sagte: «Ich gleiche einem Menschen, der unter einem großen Baum sitzt, und viele wilde Tiere und kriechendes Gewürm kommen auf ihn zu. Wenn er nicht mehr zu widerstehen vermag, klettert er auf den Baum und rettet sich. So auch ich: Ich sitze in meinem Kellion und sehe die schlechten Gedanken über mich kommen. Wenn ich gegen sie nichts mehr vermag, so nehme ich Zuflucht zu Gott im Gebet, und so werde ich vor dem Feind gerettet.»

Johannes Kolobos 12 (Ap 327)

Das Verhalten von Abbas Johannes schmeckt auf den ersten Blick ein wenig nach Ausweichen, um nicht zu sagen Feigheit. Und doch heißt es von ihm, daß er sich in seiner Demut so weit unter alle andern stellte, daß die ganze Sketis auf seinem kleinen Finger zu schweben schien.[20]

Kämpfen kann zu Stolz führen und – befreit nicht vom Feind.

Aber auch das Nicht-Kämpfen ist abzulehnen, und Johannes, «dessen Gedanken in der Betrachtung Gottes ruhen»[21], wird getadelt, als er einmal behauptet, keine Anfechtungen mehr zu haben. Auch so ist die Demut gefährdet, und Johannes betet nicht mehr um Verschonung oder Sieg, sondern: «Gib mir Geduld, Herr, in den Kämpfen.»[22]

Rettung kommt weder durch Kämpfen noch durch Nicht-Kämpfen, sondern durch die Zuflucht zu Gott.[23]

Gedanken sind wie Gerüche

(Den Gedanken der Unzucht betreffend) sagte ein Alter:
«Sei wie einer, der auf dem Platz an einer Schenke vorbei-
geht: Er riecht Gekochtes und Gebratenes; wenn er will,
geht er hinein, wenn er nicht will, riecht er nur beim Vor-
übergehen und geht weiter. So auch du: Schüttle alle schlechten Gedanken von dir ab, erhebe dich (vom Sitzen) zum Gebet und sage: ‹Sohn Gottes, hilf mir!› Mache dies auch gegen
die andern Gedanken. Wir können nämlich die Leidenschaften nicht entwurzeln, aber wir können ihnen widerstehen.»

Anonymus (N 167)

*Die Schwierigkeiten im Umgang mit den Leidenschaften
entstehen nicht durch unsere Leiblichkeit, sondern durch
unsere Gedanken. Wo gekocht wird, entstehen Gerüche.
Das ist weder gut noch schlecht. Zu unserer Körperlichkeit
gehören Sinnlichkeit und Leidenschaften.*

*Es geht nicht darum, den Leib abzutöten, sondern Herr
über die Leidenschaften und Gedanken zu sein.*[24] *Der
Spruch zielt auf unsere Freiheit.*

*Die Praxis: alles schlechte Denken meiden; aufstehen
meint, sich aus einer fixierten Subjekt-Objekt-Beziehung
lösen; weitergehen bedeutet, auf SEINE Nähe vertrauen.*

*Sitzen heißt nicht sitzenbleiben, sondern in der Stille
unterwegs sein.*

Jedem das Seine

Poimen fragte einmal Abbas Joseph:

«Was soll ich machen, wenn die Leidenschaften heranrücken? Soll ich ihnen widerstehen oder sie hereinlassen?»

Der Alte sagte zu ihm: «Laß sie nur hereinkommen. Dann aber kämpfe mit ihnen.»

Er kehrte zurück in die Sketis und setzte sich hin.

Da kam einer aus der Thebais in die Sketis und erzählte den Brüdern: «Ich fragte Abbas Joseph: ‹Wenn mich die Leidenschaft anfällt, soll ich ihr widerstehen oder sie hereinlassen?› Und er antwortete mir: ‹Laß die Leidenschaften keinesfalls hereinkommen, sondern vertreibe sie augenblicklich mit Gewalt!›»

Als Abbas Poimen hörte, daß Abbas Joseph dem Thebäer diesen Bescheid gegeben hatte, stand er auf und ging (nochmals) zu ihm nach Panepho und sagte zu ihm:

«Vater (Abbas), ich habe dir meine Gedanken anvertraut. Aber zu mir redest du so, und anders zu dem Thebäer!»

Da sagte der Alte: «Ist dir nicht bewußt, daß ich dich liebe?»

«Doch.»

«Batest du mich nicht: Sprich zu mir, wie zu dir selbst?»

«Das habe ich.»

Da sagte der Alte: «Wenn die Gedanken hereinkommen und du dich mit ihnen einläßt, indem du gibst und nimmst, werden sie dich erprobter (tüchtiger, bewährter) machen. Ich redete zu dir wie zu mir selbst. Es gibt aber andere, denen bringt es nichts, wenn sie die Leidenschaften hereinlassen, sondern sie müssen sie sofort mit Gewalt vertreiben.»

Joseph in Panepho 3 (Ap 386)

Poimen nimmt seine Zweifel ernst und macht sich ein zweites Mal auf den mühsamen Weg nach Panepho, obwohl er in seinem Kellion – wie in einem Grab – sitzen sollte (vgl. S. 30).

Die Lehre «Jedem das Seine» wird nicht genügen, um Poimens Verständnis zu wecken, wenn er nicht die Liebe des Abbas als Licht mit auf den Weg nimmt.

Sich zwischen dem Selbst und den Leidenschaften beschilderte Wege und Tore vorzustellen führt erst recht in unwegsames Gelände. Die Leidenschaften sind unser Selbst, von einem ungünstigen Blickwinkel aus betrachtet.

Kämpfen und Ruhe finden (siegen) unterscheiden sich nicht als Bewegung; sich um innen oder außen kümmern ist eine unnötige Verzögerung.

Gleichmut der Gedanken

Einige Väter kamen einst zu Abbas Joseph in Panepho, um ihn über die Aufnahme von Brüdern zu befragen, die als Gäste zu ihnen kamen: ob man sich mit ihnen einlassen und vertraulich mit ihnen reden soll.

Noch bevor sie ihn fragen konnten, sagte der Alte zu seinem Schüler: «Paß auf und schau, was ich heute machen werde, und laß es geschehen.»

Und der Alte legte zwei Sitzunterlagen hin, eine zu seiner Rechten, eine zu seiner Linken, dann sagte er: «Setzt euch nieder!»

Dann ging er in sein Kellion, legte Bettlerkleider an, kam heraus und ging zwischen den beiden durch. Dann ging er wieder in sein Kellion und zog seine eigenen Kleider wieder an, kam wieder heraus und setzte sich zwischen sie. Die Brüder aber waren ganz außer sich durch dieses Tun des Alten.

Und er sagte zu ihnen: «Habt ihr gemerkt, was ich tat?»

Sie antworteten: «Ja.»

«Bin ich ein anderer geworden, durch das Tragen dieses unansehnlichen Kleides?»

Sie antworteten: «Nein.»

Da sagte er ihnen: «Wie ich derselbe geblieben bin in beiden Kleidern, so konnte das erste mich nicht verändern und ebensowenig das zweite etwas vortäuschen. Ebenso müssen wir handeln, wenn es um die Aufnahme von fremden Brüdern geht, entsprechend dem heiligen Evangelium: ‹Gebt dem Kaiser, was des Kaisers ist, und gebt Gott, was Gottes ist› (Mt 22,21). Wenn also Brüder ankommen, wollen wir sie voll Vertrauen aufnehmen. Wenn wir allein sind, dann soll es so sein, daß wir die Trauer in uns bewahren, und sie in uns bleibe.»

Als sie dies hörten, staunten sie, denn er redete von dem, was sie auf dem Herzen hatten, noch bevor sie ihn fragen konnten. Und sie priesen Gott.   Joseph in Panepho 1 (Ap 384)

Die Liebe zum Nächsten kann unsere Herzensruhe nicht stören. In guter Weise (das heißt dienend) unter Menschen zu sein ist, was Jesus vorlebte. In der Begrenzung mit dem andern begegnen wir IHM. Sind wir allein, ist nichts mehr in uns als Sehnsucht nach Gott. (So ist das Wort «Trauer» zu verstehen.)

Erstaunliches zieht – während wir sitzen – an uns vorbei. Für den Wachen hat das viele nur einen Geschmack.

Sitzend Dämonen fesseln

Man erzählte über Abbas Theodor:

Als er seinen Sitz in der Sketis hatte, kam ein Dämon zu ihm und begehrte Eintritt. Aber Theodor schlug ihn in Fesseln noch außerhalb des Kellions. Auch ein anderer Dämon wollte eindringen, und auch diesen bannte er. Schließlich näherte sich der dritte, und angekommen, fand er die zwei andern in Fesseln und fragte sie: «Was steht ihr hier draußen?» Sie antworteten: «Drinnen sitzt einer, und der läßt uns nicht hinein.» Da versuchte er (der dritte Dämon), wie ein Gewaltherrscher hineinzugelangen. Aber der Alte schlug auch ihn in Fesseln. Da sie die Gebete des Alten fürchteten, baten sie ihn: «Laß uns frei!» Und der Alte sagte: «Fort mit euch!» Und so blieb ihnen nichts, als sich beschämt davonzumachen.   Theodoros von Pherme 27 (Ap 294)

Ohne zu zögern, schlägt Theodor die Dämonen in Fesseln. Damit wird zwar die Gefahr gebannt, aber der Fesselnde wird auch an den Gefesselten gebunden. Vielleicht ahnt Theodor, daß die Dämonen seine eigenen Gedanken sind, die aus der Fremde auftauchen; gebunden wird Verknüpftes sichtbar – und kann gelöst werden. «Fort mit euch!» Was zerstreut, was teilt, was schwächt, was uns lähmt durch Angst und falsches Haften an Schuld, löst sich vom Sitzenden und verschwindet am Horizont.

Dämonen stören die Herzensruhe

Ein Bruder saß in Herzensruhe im Kellion, da kamen die Dämonen, um ihn zu verwirren, indem sie in Engelsgestalt erschienen. Und sie rüttelten ihn auf (aus der Herzensruhe) zum gemeinsamen Gebet und zeigten ihm ein Licht.

(Anderntags) begab er sich zu einem Alten und sagte zu ihm: «Abbas, die Engel kommen mit Licht zu mir und rütteln mich auf zum gemeinsamen Gebet.»

Der Alte sagte: «Höre nicht auf sie, mein Kind, es sind Dämonen. Wenn sie kommen, um dich zu wecken, sprich: ‹Ich wache auf, wann ich will, auf euch höre ich nicht!› Nachdem er diese Weisung des Alten empfangen hatte, ging er wieder ins Kellion. In der folgenden Nacht kamen die Dämonen wieder wie gewohnt, ihn aufzurütteln. Er aber antwortete, wie ihn der Alte angewiesen hatte: «Ich erhebe mich, wann ich will, auf euch aber höre ich nicht!»

Anonymus (N 224, 1.Teil; Vp V,10,93)

Schöner kann man das Ziel nicht vorgaukeln. Wenn ich würdig bin, eine Engelsgestalt zu sehen, ist es nicht, weil ich selbst – nach so viel Mühe – engelgleich geworden bin? Sitze ich nicht so viele Stunden täglich in Herzensruhe, um plötzlich aufgerufen und in einen himmlischen Gottesdienst geführt zu werden? Habe ich nicht so lange darauf gewartet, das Licht zu sehen?

Was immer es ist – so der Alte –, es sind Dämonen.

Zurück an den Anfang: Ausgangspunkt bleibt die reine Ich-Kraft: frei zum Wachsein, frei zum Hören, und vor allem frei vom stets begehrlichen kleinen Ego-Ich. In dieser Freiheit Licht und Christus finden.

Ich will Christus nicht sehen

Über einen Alten wurde erzählt:

Er saß in seinem Kellion und kämpfte, und obwohl er die Dämonen deutlich wahrnahm, achtete er ihrer nicht. Wie nun der Teufel sah, daß er erfolglos blieb, erschien er ihm und sprach: «Ich bin Christus.» Als ihn der Alte sah, schloß er die Augen. Der Teufel sprach: «Warum schließt du die Augen? Ich bin Christus!» Da antwortete ihm der Alte: «Hier will ich Christus gar nicht sehen.» Als der Teufel dies hörte, verschwand er. Anonymus (N 312)

Sitzen und kämpfen, wahrnehmen und nicht-beachten.

Wer die Mühe gewählt hat, sollte nicht auf Zauberei hoffen. Christus ist in mir hier und jetzt. Da ist mehr als sehen.[25]

Fliehen – Sitzen – Weinen

Abbas Isajas bat Abbas Makarios: «Sage mir ein Wort!»
Und der Alte sagte ihm: «Fliehe die Menschen!»

Da fragte Abbas Isajas: «Was heißt das: die Menschen
fliehen?» Der Alte antwortete ihm: «Sitze in deinem Kellion
und beweine deine Sünden.»   Makarios der Ägypter 27 (Ap 480)

Nicht irgendein Wort (eine Übungsanweisung) wird erbe-
ten, sondern das Wort, das zur Rettung führt.

Die Antwort: keine Aufmunterung, kein «teaching», kein
Christuswort (es sei denn das mitgehörte: Selig die Trauern-
den und Weinenden [Mt 5,4; Lk 6,21]), kein Mantra.

Nur dies: fliehen zu sich selbst. Sitzen im Kellion und
voller Hoffnung weinen. Das heißt: Nötig ist nur Einkehr
halten und sehen, was ist.

Die wahren Mönche

Einst kam Makarios der Ägypter von der Sketis hinauf nach Nitria, um an der Opferfeier des Abbas Pambo teilzunehmen. Da baten ihn die Alten: «Sage den Brüdern ein Wort, Vater!»

Dieser antwortete:

«Ich selbst bin ja noch nicht Mönch geworden. Aber ich habe Mönche gesehen.

Als ich nämlich einst in der Sketis in meinem Kellion saß, bedrängten mich die Gedanken, indem sie mir zuflüsterten: ‹Geh hinaus in die Wüste, und schau, was es dort zu sehen gibt!› Ich harrte fünf Jahre aus im Kampf mit diesem Gedanken, weil ich mir sagte, er könnte von den Dämonen stammen. Da der Gedanke aber blieb, machte ich mich auf und ging in die Wüste.

Dort fand ich einen Wasserteich, mittendrin eine Insel, und die Tiere der Wüste kamen, um daraus zu trinken. Mitten unter ihnen aber sah ich zwei nackte Menschen. Furcht packte mich am ganzen Leib, denn ich hielt sie für Geister. Als sie sahen, daß ich mich fürchtete, sprachen sie mich an: ‹Fürchte dich nicht, auch wir sind Menschen.› Und ich fragte sie: ‹Woher seid ihr? Wie seid ihr in die Wüste gekommen?› Sie erzählten: ‹Wir kommen aus einem Koinobion. Da wir uns in Harmonie mit allem fühlten, kamen wir hierher. Das sind nun vierzig Jahre her.› Der eine war Ägypter, der andere Libyer. Nun fragten auch sie mich: ‹Wie steht's mit der Welt? Kommt das Wasser zur rechten Zeit, und hat die Welt ihr Gedeihen [Wohlstand, Überfluß]?› Ich antwortete: ‹Ja.› Ich fragte sie: ‹Wie kann ich Mönch werden?› Sie antworteten: ‹Wenn einer nicht auf alles Weltliche verzichten kann, wird er nicht Mönch.› Ich sagte ihnen: ‹Ich bin schwach und vermag nicht so zu leben wie ihr.› Da sagten sie zu mir: ‹Wenn du nicht so leben kannst wie wir, dann setze dich in dein Kellion und beweine deine Sünden.› Ich fragte sie weiter: ‹Wenn es Winter wird, friert ihr nicht? Und während der Sommerhitze, verbrennt euer Leib nicht fast?› Sie sprachen: ‹Gott hat es für uns so eingerichtet, daß wir weder im Winter frieren noch uns im Sommer die Hitze schadet.›

Deshalb sage ich euch: Ich bin noch nicht Mönch geworden, ich habe nur Mönche gesehen. Verzeiht mir, Brüder!»

Makarios der Ägypter 2 (Ap 455)

Im Kellion sitzen und weinen. Was nun? Jahre des Übens ziehen vorbei; sitzen bleibt sitzen, weinen bleibt weinen. Auch die zweifelnde Frage bleibt. Ist diese Ergriffenheit in der Stille alles?

Ab und zu ein geschenktes Bild flimmert durch das Wüstenlicht: paradiesische Menschen in und fragend nach Harmonie der von Gott geschaffenen Welt. Alles fügt sich: Wasser, Wachstum, Hitze und Kälte.

Sitzen ist wieder sitzen und weinen wieder weinen. «Noch bin ich nicht Mönch geworden.» Alles Hoffen, alle Freude kreist um das «Noch-nicht».

Ich bin noch kein Mönch

Als Tithoe einmal saß, war ein Bruder in der Nähe, und nichts bemerkend, seufzte er und achtete nicht darauf, daß der Bruder bei ihm war, weil er nämlich entrückt (in Ekstase) war. (Als er es merkte) warf er sich voll Reue nieder und sagte: «Verzeihe mir, Bruder, ich bin noch kein Mönch geworden, denn ich habe vor dir geseufzt.» Tithoe 6 (Ap 915)

Seufzen ist die leiseste Klage des Leibes und schwer zu binden in Not und auch nicht in Entrückung.

Zu unserer Mühe im Hiersein gibt es letztlich kein sinnvolles Fragen. So wenig wie für das Staunen im Enthobensein. Es gibt also keinen Grund für einen Ort des Seufzens. ER ist immer und überall schon da: in meiner leeren Wachheit.

Erst zum Andern hin sind Fragen und Seufzen Gebete und Zeichen der Liebe.

Von Tithoe ist zu lernen: Demut und Anfängergeist.

Sitzen und weinen vor dem Kreuze Christi

Abbas Joseph erzählte, daß Abbas Isaak gesagt habe:
Ich saß einmal bei Abbas Poimen. Ich sah, daß er ganz entrückt war. Nachdem ich mit ihm sehr vertraut geworden war, warf ich mich ihm einmal zu Füßen und bat ihn: «Sag mir, wo warst du (in deiner Entrückung)?» So genötigt, gestand er: «Mein Denken war da, wo die heilige Gottesgebärerin Maria stand und vor dem Kreuz des Erlösers weinte. Auch ich wollte allezeit so weinen.»

Poimen 144 (Ap 718)

Sitzend die Erdenschwere andenken, bis die Dunkelheit abbricht.

Das Kreuz ist ein Sieg der Sonne gegen die Breite der Nacht. Tränen keimen an der Schnittstelle der Hoffnung. Hier ausharren, am menschlichsten aller Orte.

Da ist nicht Abgrundtrauer, sondern Lebensaufbruch.

Sitzen – mit dem Zweifler

Ein Bruder fragte Abbas Poimen: «Was soll ich tun?»

Der Alte sagte ihm: «Wenn Gott über uns wacht, weshalb sollten wir uns sorgen?»

Da meinte der Bruder: «Wegen unserer Sünden.»

Da sagte der Alte: «Gehen wir in unser Kellion, und während wir sitzen, wollen wir unserer Sünden gedenken, und so wird der Herr in allem (wieder) mit uns gehen.»

Poimen 162 (Ap 736)

Die Schwierigkeiten beginnen, indem wir von zu Hause weggehen.[26] *In der Ferne verblaßt das Vertraute, und Fragen wird unumgänglich. Aber nur so entsteht Weg.*

Unterwegs sollten wir immer wieder unsern Weggang (das heißt unsere Gottferne, hier mit dem Wort «Sünde» bezeichnet) bedenken. Wohin sind wir unterwegs?

Im Hin- und Umwenden stoßen wir immer auf IHN: Unmöglich, seiner Achtsamkeit zu entgehen.

Die aufgehobene Feige

Abbas Paphnutios, der Schüler von Abbas Makarios, berichtete, daß der Alte jeweils sagte:

«Als ich ein Knabe war, hütete ich mit den andern Kin-
dern die Rinder. Sie machten sich aber daran, Feigen zu
stehlen. Als sie wegliefen, fiel eine Feige zu Boden. Ich las sie
auf und aß sie. Wenn ich (heute) daran denke, setze ich mich
hin und weine.»   Makarios der Ägypter 37 (Ap 490)

*Soll die Geschichte nicht unsinnig sein, ist zu fragen: Wo
liegt der Grund zum Weinen?*

*Das Wägen und Werten der Schuld lenkt ab vom Wesent-
lichen: Im Geringfügigsten zeigt sich noch, wie leicht wir
aus der Einfalt in die Verwirrung stolpern. Wir sind behaftet
mit Neigung zum Fall.*

*Es ist mühevoll, zurück zu den – inzwischen vielleicht
entlaufenen – Rindern zu finden.*

Der Mückenstich

(Makarios der Alexandriner, der Priester in Kellia war, gehört zu den Anachoreten, die sich einer fast grausamen Askese aussetzten. So schränkte er sich aufs äußerste ein beim Essen, aber auch den Schlaf bekämpfte er – wie er selbst zugibt – auf lebensgefährliche Art und Weise: während zwanzig Tagen und Nächten steht er in der Glut der Sonne und im Frost der Nacht.[27] Er gesteht, daß er diese Übung abbrechen mußte, sonst) «wäre mein Gehirn ausgetrocknet, und ich wäre für den Rest meines Lebens wahnsinnig geworden.»

Während er einmal frühmorgens in seinem Kellion saß, setzte sich eine Mücke auf seinen Fuß und stach ihn. Er spürte den Schmerz, und nachdem sich die Mücke bereits an seinem Blut gesättigt hatte, erschlug er sie mit seiner Hand. Da klagte er sich aber an, Rache genommen zu haben, und verurteilte sich dazu, sechs Monate nackt im Sumpf, der sich in der sketischen Wüste befindet, zu sitzen, wo wespenartige Stechmücken sogar die Haut von Wildschweinen durchstechen können. ... Als er nach sechs Monaten in sein Kellion zurückkehrte, konnte man nur an seiner Stimme erkennen, daß er Makarios war.

(Während der 40tägigen Fastenzeit pflegte Makarios in einem ganz kleinen dunklen Kellion zu sitzen, das so klein war, daß er nicht einmal die Beine auszustrecken vermochte.) Makarios der Alexandriner (H. L. c. 18)

Wenn wir uns an der unsinnigen Verhältnismäßigkeit von Vergehen und Buße stoßen, mögen wir mit Recht den Kopf schütteln.

Aber es geht um eine grundsätzliche Frage. Der Mensch

ist in seinem Handeln – im Gegensatz zur Mücke – frei. Makarios rächt sich an der Mücke und wird sich erst im nachhinein bewußt, was wirklich geschehen ist.

Er will zeigen, wieweit wir für unser Handeln (man könnte auch sagen: Eingreifen in Schöpfungsabläufe) verantwortlich sind und wie schwierig es ist – trotz enormer, ausgleichender Bußleistung –, Geschehenes wiedergutzumachen.

Sitzen ist nicht nur ein Bedenken, sondern auch ein Aushalten von Schmerzen im Bewußtsein, daß wir alle jederzeit vieles wiedergutzumachen haben. In der Stille empfinden wir den tiefen Zusammenhang zwischen zu ertragendem und zugefügtem Leid.

Die Geschichte von Makarios erspart viel gefährliches Reden über Sünde und Strafe.

Fliehen heißt Schweigen und Sitzen

Abbas Makarios der Große sprach zu den Brüdern in der
Sketis, als er die gottesdienstliche Versammlung verließ:
«Fliehet, Brüder!»

Da sagte einer der Alten zu ihm: «Wohin sollten wir denn
in dieser Wüste noch fliehen?» Makarios aber legte den Finger auf den Mund und sagte: «Dies flieht!»

Und er betrat sein Kellion, schloß die Tür und setzte sich.

Makarios der Ägypter 16 (Ap 469)

*Fliehen ist nicht eine Frage des Ortswechsels, sondern ein
Abbrechen des Disputs. Makarios führt vor, was mit jeder
Erklärung schon unterlaufen wäre; wie glaubwürdig könnte
sein Schweigen sein, wenn er davon reden würde? (Von den
drei japanischen Mönchen, die sich vergeblich vornahmen
zu schweigen, stellte der letzte stolz fest: «Ich bin der einzi-
ge, der nicht gesprochen hat.»)*

*Sprechen heißt Netze auswerfen und Welt an Land
ziehen. Fliehen heißt: von der Wortküste abstoßen. Im Kellion wird Wasserfläche zur Tiefe. Orte verschwinden. Im
Schweigen braucht es weder Wegweiser noch Ziel.*

Keine Störung

Abbas Sisoes saß einmal in seinem Kellion. Als sein Schüler anklopfte, schrie der Alte: «Fliehe, Abraham, komm nicht herein. Jetzt gerade habe ich keine Muße, mich mit Irdischem zu beschäftigen!»

Wenn er im Kellion saß, hielt er die Tür immer verschlossen.[28]

Sisoes 24 und 27 (Ap 827 und 830)

Ist dies die Art, wie sich ein Abbas um seinen Schüler kümmert?

Wichtiger als das Fragenbeantworten ist das Ausharren in der Praxis. Einem Bruder, der um ein Wort bittet, entgegnet Sisoes: «Was zwingst du mich, unnütz zu reden? Was du siehst, das tue!»[29]

Was aber ist vor verschlossener Tür zu lernen?

Der berühmte Abbas, in größter Abgeschiedenheit, zeigt: Solange wir in der Welt sind, ist Auseinandersetzung bis zum letzten Atemzug. Noch auf dem Sterbebett gesteht Sisoes: «Ich habe noch nicht einmal den Anfang zur Umkehr gemacht.»[30]

Ist das nicht Grund zum Schreien?[31]

Lästiger Besucher

Ein Bruder kam zu Abbas Theodoros, damit er ihn im Nähen unterrichte, und er brachte auch gleich eine Schnur mit. Der Alte sprach zu ihm: «Fort, komm morgen früh wieder hierher!» Und er stand (anderntags) auf, weichte ihm die Schnur ein und bereitete die Nähte vor und sagte: «Mache es so und so» und ließ ihn (machen). Und der Alte ging in sein Kellion hinein und setzte sich. Als es Zeit war, bereitete er ihm etwas zu essen und schickte ihn dann fort. Dieser kam aber morgens früh wieder; da sagte der Alte zu ihm: «Nimm deine Schnur da drin, und gehe (endlich) in die Einsamkeit [anachorein]. Zu meiner Versuchung bist du zu mir gekommen und um mir Sorgen zu bereiten.» Und er ließ ihn nicht mehr herein.   Theodoros von Pherme 21 (Ap 288)

Dem Bruder ging es offenbar mehr um die Vertraulichkeit als um die Arbeitsanleitung. Horizontales ist in der Wüste nur, um nach oben gebogen zu werden. Vertraulichkeit in gemeinsamer Arbeit ist Weltsache. Arbeit kann das ständige meditative Beten begleiten; sie ist nötig für unsern Lebensunterhalt und um allenfalls Barmherzigkeit üben zu können.

1. Tag: Jede Sache hat ihre Zeit. Die Umstände sind zu beachten. (Vielleicht taucht der Bruder zu einer Zeit auf – und das sollte er wissen –, zu der nicht gearbeitet wird.) Wenn die Frage brennend genug ist, macht man einen Weg viele Male in der Hoffnung auf eine Antwort.

2. Tag: Der Alte unterbricht seine Praxis, um dem Bruder einen Dienst zu erweisen. Wüstenpädagogik. Die Frage wird beantwortet: Alles ist vorbereitet, kurz und deutlich die Anweisung. Nach der Zeit selbständigen Übens folgt als Abschluß das gemeinsame Mahl.

3. Tag: Wenn man hat, was man braucht, sollte man nichts liegenlassen oder vergessen. Ohne weiteres Zögern dorthin gehen, wo man sich hinzugehen entschlossen hat.

Auch das gehört zur Belehrung: Der Alte gesteht, daß auch er noch in Sorge und Versuchung gerät. Niemand ist über Anfechtung erhaben. Demut zum Abschied.

Besuch: sitzen, schweigen

(Nach drei Jahren besucht Makarios zwei junge Anachoreten, denen er Anweisungen zum Leben in der Wüste gegeben hatte, um nun die Art ihrer offenbar strengen Askese zu
überprüfen, das heißt auch ...) zu sehen, welcher Art ihre
Sitzpraxis sei. Als ich klopfte, öffneten sie, und sie begrüßten
mich schweigend. Ich verrichtete ein Gebet und setzte mich.
Der Ältere gab dem Jüngeren ein Zeichen hinauszugehen,
dann setzte er sich ebenfalls hin und begann an seinem Seil
zu flechten, ohne etwas zu sagen. Um die neunte Stunde
[Non; ca. 15 Uhr] klopfte er, und der Jüngere kam herein
und kochte eine Kleinigkeit. Als der Ältere ihm zunickte,
bereitete dieser den Tisch, legte drei trockene Brote darauf
und stand schweigend da. Ich sagte: «Kommt, laßt uns
essen.» Und wir standen auf, um zu essen. Und er brachte
den Becher, und wir tranken. ...

(In der Nacht stehen die Brüder auf – sie meinen, Makarios schlafe – und beten, bis ihnen die Flammen aus dem
Mund schlagen. – Makarios bittet beim Abschied: «Betet
für mich!»)   Makarios der Ägypter 33 (Ap 486)

*Die im Wasser aufgeweichten Blattfasern werden durch das
Flechten geordnet und zu dauerhaften Körben vernäht. So
wird das Denken ruhig und verknüpft sich zum gleichmäßi-
gen Rhythmus des schweigenden Betens.*

*Während des ganzen Besuches (bis zum nächsten Tag)
werden kaum ein Dutzend Wörter gewechselt, und die beziehen sich – scheinbar – auf nichts Wesentliches. (Kommt,
laßt uns essen! Gehst du? Werde ich hier übernachten?)*

*Welch erstaunliche Kommunikation der kleinsten Bewe-
gungen!*

Makarios bleibt beim Sitzen nichts verborgen. Uns selbst auch nicht.

Unterwegs

Man erzählte, daß Poimen Besucher, die zu ihm kamen, zuerst zu Abbas Anub schickte, weil dieser älter war. Anub aber sagte zu ihnen: «Geht zu meinem Bruder Poimen, denn er hat die Gnadengabe des Wortes.»

Wenn aber Anub dort neben Poimen saß, dann sprach Abbas Poimen überhaupt nichts mehr.   Poimen 108 (Ap 682)

Die Achtung der Väter füreinander ist die eigentliche Botschaft.

Ob in ihren Worten oder in ihrem Schweigen, sie schicken uns immer wieder auf den Weg. Das Verstehen wächst im Gehen von hier nach dort. Von einem Sitzort zum andern; vielleicht bleibt es derselbe. Zwischenräume enthalten oft viele Antworten.

Zwei Schiffe

Man erzählte von einem Bruder, der in die Sketis gekommen war, um Arsenios zu sehen, daß er in die Kirche ging und dort die Kleriker bat, ihn mit Arsenios zusammenzubringen. «Ruhe dich zuerst etwas aus, und iß etwas», sagten sie ihm, «du wirst ihn sehen.» Er aber erwiderte: «Ich esse nichts, bis ich mit ihm zusammenkomme.» Da schickten sie nach einem Bruder, um ihn zu begleiten, denn das Kellion (von Arsenios) war weit entfernt.

Als sie dort ankamen, klopften sie an die Tür, traten ein, begrüßten den Alten und setzten sich hin – und schwiegen. Der Bruder von der Kirche sagte: «Ich gehe wieder, betet für mich!» Der fremde Bruder aber getraute sich nicht, den Alten anzusprechen, und sagte zum Bruder: «Auch ich komme mit dir.» Und gemeinsam verließen sie Arsenios.

Nun bat der Bruder: «Führe mich doch noch zu Abbas Moses, dem ehemaligen Räuber!» Und sie gingen zu ihm. Dieser nahm sie mit Freude auf und erwies ihnen herzliche Gastfreundschaft, bevor er sie wieder entließ.

Da fragte der begleitende Bruder: «Siehe, ich habe dich zu einem Fremden (Arsenios war Römer) und zu einem Ägypter[32] gebracht. Welcher von beiden hat dir besser gefallen?» Der antwortete: «Bis jetzt hat mir der Ägypter besser gefallen.»

Als einer der Väter dies hörte, bat er Gott: «Herr, offenbare mir, was diese Verhaltensweisen bedeuten: Der eine flieht die Menschen um deines Namens willen, der andere umarmt sie um deines Namens willen.» Und siehe, es wurden ihm zwei große Schiffe auf dem Fluß gezeigt, und er schaute auf dem einen Abbas Arsenios mit dem Heiligen Geist in einhelliger Herzensruhe *[hesychia]* fahren, und auf

dem andern Abbas Moses und die Engel Gottes ebenso ein-
hellig, und sie labten ihn mit Honigwaben.

Arsenios 38 (Ap 76)

*Arsenios, die Nichtigkeiten römischer Gesellschaft ge-
wohnt, hat sich diesmal zur kargen Lehre ohne Worte entschlossen. Moses, der früher ein rohes Leben geführt hat,
verschenkt jetzt jedem seine Herzenswärme. Bei beiden
gründet die Praxis in der Umkehr* (metanoia), *im Neuanfang aus Gewohntem. Beide werden gleichermaßen belohnt.
(Die Süßigkeit des Kellions – jetzt auf sicherer Fahrt über
den Abgründen der Seele – ist* hesychia; *Honig ist Zusammensein mit dem Heiligen Geist und den Engeln.)*

*Der Bruder, der sie besucht, erhält, was er braucht. Noch
hat er das Geheimnis des gleichen Geschmacks nicht ent-
deckt.*

Tag und Nacht

Als ich noch jünger war, da saß ich in meinem Kellion, und ich kannte kein Maß (d.h. keine Regel) für die Gebetszeit: Tag und Nacht, immer war Gebetszeit.   Isidor 4 (Ap 360)

Gebetszeit, wörtlich «Zusammenführung» (synaxis), meint hier das Zusammensein mit Gott. Eine solche Erfahrung überstrahlt alles Beschränkende und Einteilende, Maß und Zeit: Sitzen mitten im warmen Klang Gottes.

So engelgleich lebte Isidor, als er noch jünger war.

Manchmal aber mutet man sich zu unbedacht die Leichtigkeit der Engel zu. Johannes Kolobos wollte in jungen Jahren auch sorglos wie die Engel leben und nur noch Gott dienen. Als ihn der Hunger nach einer Woche wieder zum älteren Bruder trieb, öffnete ihm dieser die ganze Nacht nicht, obwohl jener versicherte «Ich bin Johannes, dein Bruder», sondern stellte fest: «Johannes ist ein Engel geworden und gehört nicht mehr zu den Menschen.» Anderntags erfolgt die nüchterne Erklärung: «Wenn du ein Mensch bist, dann mußt du arbeiten.»[33]

Nüchternheit ist heilsam! Immer ist die Brücke zu IHM seine – und unsere! – Menschwerdung. Nur was ganz hier ist, kann Bewegung zu Gott werden.

Ort des Sitzens

Ein Bruder fragte (Poimen): «Worauf ist zu achten, wenn man im Kellion sitzt?»

Er antwortete: «Vorläufig bin ich (nur) ein Mensch, der – beladen mit einer Last – bis zum Hals in einer tiefen Grube steckt, aus der ich schreie: Gott erbarme dich meiner!»

Poimen[34]

Sitzen ist wirklich eine Sache fern jeder Gemütlichkeit.

Bruder, was soll deine Frage? Erwartest du immer noch eine Anleitung zum richtigen Sitzen?

Die Antwort erfolgt indirekt: Das Erkennen der eigenen Existenz, deren Vergänglichkeit und Dürftigkeit – vorerst – und die Demut, aus dieser Not heraus um Hilfe zu rufen: das sind die Grundlagen jedes Sitzens.

Beachte: Poimen sagt nicht, wie der Bruder *sich sehen sollte, sondern wie* er *– der Virtuose heiligen Lebens – sich selbst vorfindet.*

Also: Kein Grund zu Verzagtheit!

Vor-Bild

Ein Alter wurde gefragt: «Was muß ich tun, um das Heil zu finden?»

Der Alte aber arbeitete (sitzend) an seinem Seil, und ohne von seiner Arbeit aufzublicken, antwortete er: «Du siehst es!»[35]

Anonymus (N 91)

Wenn man sich entschlossen hat zu lernen, so hängt das Gelingen von der Haltung ab, die wir als Lernende einnehmen. Man muß schneller lernen, als der Mund fragen kann; fragen setzt einen Ich-Standpunkt voraus, das ist oft unnötiger Widerstand. Nachahmung macht keinen Umweg über das begriffliche Verstehenwollen. Die Wahrnehmung wird augenblicklich zur Übung: so lernen Kinder. Praxis findet hier und jetzt statt.

Es ist auch möglich, daß der Alte gar nicht auf seine Person verweisen will, sondern dasjenige meint, was uns unmittelbar vor Augen liegt: Was immer du siehst, betrachte es in der Haltung des Lernenden. Schöpfung ist immer Offenbar-Werden.

Sitzen und Schweigen: am Anfang zur Heiligkeit

(Abbas Serapion hat die wunderschöne, aber leichtlebige Kurtisane Tais in Alexandrien dazu überreden können, ihren Lebenswandel aufzugeben; er führt sie in ein Frauenkloster, wo sie sich für drei Jahre – bis zu ihrem Tod – in ein Kellion einschließen läßt. Bevor Serapion sie verläßt, fragt sie:)

«Wie befiehlst du mir zu beten? Ich fürchte, daß ich dazu nicht würdig bin.» Da sagt er ihr: «Ich weiß, daß du unwürdig bist, den Namen des Herrn anzurufen oder (auch nur) die Hände auszubreiten, um ihn anzuflehen, denn deine Lippen sind befleckt und deine Hände unrein, deshalb (bleibt dir) nur: Sitze schweigend, nach Osten gewendet, sage in deinem Herzen nichts als dies: Der du mich geschaffen hast, erbarme dich meiner; ich habe gesündigt, sei mir gnädig.» … Und nachdem er noch ein Gebet gesprochen und sie dem Herrn anbefohlen hatte, ging er.   Serapion und Tais[36]

Serapion beginnt seine Anweisung mit einer Offenheit, die uns hartherzig vorkommen mag.

Die Umgestaltung, die Wende unseres ganzen Denkens und Trachtens (metanoia) *setzt den nichts verschleiernden Blick auf dasjenige voraus, was ist. Serapion nimmt nur auf und malt aus, was Tais selbst ahnt und was uns alle betrifft. «Unwürdigkeit»: Das ist das ständige Zurückbleiben hinter unserem eigenen Entwurf. Wir anerkennen unsere Schwäche; aber nun vertrauen wir zugleich darauf, daß unser Mühen Stärke wird.*

Immer wieder sind wir Anfänger. Serapions Hilfe ist schon die ganze Übung: Ausrichten auf IHN, demütige Anrufung bis zur Ichlosigkeit im Schweigen. Sitzen dem Licht entgegen.

Sitz-Verzweiflung

Über Abbas Sisoes erzählte man:

Als er saß, schrie er (plötzlich) mit lauter Stimme: «O Elend!»

(Erschrocken) fragte ihn sein Schüler: «Was hast du, Vater?»

Der Alte antwortete: «Einen einzigen Menschen suche ich zum Reden. Aber ich finde keinen.» Sisoes 47 (Ap 850)

Das ist eine deutliche Warnung. Sitzen führt nicht in die wegdämmernden Zonen seliger Losgelöstheit, sondern in äußerste Not. Schreien in der Not hat biblische Tradition: laut schreit sterbend der geisterfüllte Stephanus, nachdem er den Himmel geöffnet sah, ebenso schreit Jesus laut auf am Kreuz, bevor er stirbt.

Die Not heißt verzweifelte Einsamkeit in Todesnähe, heißt tiefste Ratlosigkeit auf dem Weg mit dem sterbenden Gottessohn. Wie Jesus nach dem Vater schrie, so schreit Sisoes nach dem Einen, der Antwort zu geben vermöchte.

Kreuz und Sitzen sind in der Bildwelt eng aufeinander bezogen. Der Gekreuzigte wird auf den ihm zustehenden Thron erhoben, Sisoes muß vorerst noch dessen Kreuz auf sich nehmen. Sitzend aber wird er verwandelt und wird den Einen Menschen – und neue Worte – finden.

Sitzen mit Jungfrau

Ein Bruder fragte einen Alten: «Wenn ich in Bedrängnis gerate und ich habe niemanden, dem ich mich anvertrauen kann, was soll ich dann tun?»

Der Alte sagte: «Vertraue auf Gott, der dir seine Gnade zuteil werden läßt, um dir zu helfen, vorausgesetzt, du bittest ihn in Wahrheit darum. – Ich hörte, daß sich in der Sketis folgendes zugetragen haben soll: Es gab da einen Gottesstreiter, der auch niemanden hatte, um sich anzuvertrauen. Er machte also seinen Mantel zurecht, um wegzugehen *[anachorein]*. Und siehe, da erschien ihm die Gnade Gottes als Jungfrau, die ihm zusprach und sagte: ‹Geh nicht fort, sondern sitze hier mit mir. Nichts von all dem Schlechten, von dem du hörtest, ist bis jetzt geschehen.› Er gehorchte, setzte sich, und augenblicklich war sein Herz geheilt.»

Anonymus (N 215)

Gott ist uns immer zugewandt. Zweifel machen einsam. Aber es vertieft sich das Anrufen, und Gnade ist näher. Gnade (griechisch charis*) bedeutet auch: Freude, Anmut, Huld, Freundlichkeit und Dank. Gnade erfahren ist nicht ein knappes Aufatmen in einer weiterhin dunklen Bedrückung, sondern ein Hinausziehen aus engen Schluchten und Wüsten in blühende Gärten, ein leichtes Gehen durch den feuchten Duft frischer Weiden, und im Schatten der Bäume voller Vögel klingt plötzlich Ungeahntes auf.*

Wenn die Gnade als Jungfrau erscheint, ist sie die von allen Kämpfen entrückte ursprünglich reine Seele. Ihr gehorchen heißt hörend und empfangend werden, das hinausblickende, urteilende Sehen zurückhalten. «Sitze mit mir!» Da ist nur noch Heil und Heilung.

Die eine und die andere Hälfte

Die Väter sagen: Das Sitzen im Kellion ist die eine Hälfte (unserer Praxis), die andere ist das Besuchen der Alten.

(Wenn der Bruder einen Besuch macht) erkennt und sieht er seinen eigenen Zustand. ... Er kehrt demütig in sein Kellion zurück, weint, bereut, ruft Gott an wegen seiner Schwäche und sitzt weiterhin, indem er auf sich selbst achtet.

Makarios der Ägypter sagt: «Seid achtsam mit ganzer Aufmerksamkeit, sei es, wenn ihr in eurem Kellion sitzt, sei es, wenn ihr unter Menschen seid.»

Dorotheos[37], Makarios der Ägypter[38]

Wohin wir uns auch wenden, die Richtung bleibt: hin zu größter Achtsamkeit. Jede Tugend – und besonders die Demut – ist gefährdet, wenn sie sich nicht aussetzt und befragen läßt.

Gering werden voreinander fördert den Lichteinbruch.

Plötzlich diese Frage

Ein Bruder kam einmal zu Abbas Poimen. Als nun einige Brüder beisammensaßen, lobte der Neuangekommene einen Bruder als einen, der das Böse hasse. Abbas Poimen wandte sich an den Sprechenden: «Und was ist das, ‹das Böse hassen›?»

Der Bruder geriet außer sich und fand nichts zu antworten. Da stand er auf, warf sich voll Reue vor dem Alten nieder und bat: «Sage mir, was ist ‹das Böse hassen›?»

Da sagte der Alte: «‹Das Böse hassen› heißt: seine Sünden hassen und den Nächsten gerecht beurteilen.»

Poimen 142 (Ap 716)

Der Spruch könnte mit dem ersten Abschnitt schließen. Es geht hier um den Einbruch des Gutgemeinten. Denn wie das Ausschauhalten nach den Fehlern des Nächsten ist auch Lob unangebracht. «Gerecht beurteilen» heißt den andern sehen in Anbetracht der eigenen vielfältigen Fehler. Poimen haut mit seiner scharfen Frage das Fangnetz des Urteilens auseinander. Der gut gezielte «Schlag» wirft den Bruder zurück an den Anfang des Fragens.

Poimen weigert sich, ein neues Netz aus handlichen Antworten anzuzetteln. Was zu sagen ist, sagt er in kargster Kürze.

Der Blick soll nicht auf Erklärungen gelenkt werden, sondern auf die Haltung. Jedes unnötige Gerede und Denken macht die Achtsamkeit gegenüber dem Unerklärlichen stumpf.

Das Zittern des Schilfs und das Krähen des Hahns

Abbas Arsenios kam einmal an einen Ort, an welchem Schilf stand, das vom Wind bewegt wurde. Und der Alte sagte zu seinen Brüdern: «Was zittert hier?»

Sie antworteten: «Das ist das Schilf.»

Da sagte der Alte zu ihnen: «Wahrlich, wenn einer in Herzensruhe *[hesychia]* sitzt und er hört (auch nur) auf das Zwitschern eines Sperlings, dann hält er sein Herz schon nicht mehr in dieser Ruhe. Um wieviel mehr muß dies bei euch der Fall sein, die ihr sogar das Zittern des Schilfes (mit eurem Herzen) festhält!»   Arsenios 25 (Ap 63)

*

Als Abbas Isaak einmal bei Abbas Poimen saß, hörte man einen Hahn krähen. Da sagte Isaak: «Einen Hahn gibt es da, Abbas?»

Poimen antwortete: «Isaak, was zwingst du mich zu reden? Du und deinesgleichen, ihr hört das. Ein Wacher kümmert sich nicht darum.»   Poimen 107 (Ap 681)

Hung Ying-Ming (16. Jh.) meint: «Wenn der Wind durch den Bambushain weht, klappern die Stämme gegeneinander. Wenn es vorbei ist, ist der Hain wieder still.»

Aber manchmal ist es nötig, an Fragen zu erwachen, und die Frage enthält oft schon die Antwort.

Auf Fragespiele jedoch sollten wir uns nicht einlassen.

Engelsitzen

Über den kleinen Johannes der Thebais, der Schüler des Ammoes war, erzählte man, daß er dem kranken Alten zwölf Jahre diente und mit ihm auf der Matte saß. Aber der Alte schaute geringschätzig von oben auf ihn herab, und obwohl sich Johannes mit ihm viel Mühe machte, sagte er nie zu ihm: «Mögest du gerettet werden!»

Als er (Ammoes) aber im Sterben lag – die Alten saßen (um ihn herum) –, ergriff er seine Hand und sagte zu ihm: «Mögest du gerettet werden! Mögest du gerettet werden! Mögest du gerettet werden!» Und er empfahl ihn den Alten mit den Worten: «Dieser ist ein Engel und kein Mensch.»

Johannes der Thebäer (= Joh. Kolobos) (Ap 420)

In der Wüste, in völliger Abgeschiedenheit, wenn der endlose Horizont über Jahre leer bleibt, kristallisieren sich die Bezüge zum Nächsten.

Welch harte Schule der Demut und Liebe: zwölf Jahre lang einen Kranken pflegen unter dessen Geringschätzung und ohne ein Wort des Dankes!

Soviel Gemeinsames, soviel Angewiesensein, soviel Sehnsucht in dieser gleißenden Hinfälligkeit und kein Wort der Nähe!

Wir erkennen am Rande größter Entfernung unser Getrenntsein von Gott, mühen uns unter Tränen, in die Leere hoffend – und nicht vergeblich.

Rettender Segen aber bringt oft erst der Einbruch und Ausbruch des Lebens. Aus dem Abklang des Todes das Wort, das Lichtwesen offenbart: Aus dem Erdreichdunkel entflügeln sich Blüten: mitten in der Wüste.

In Demut sitzen: vor der Tür

Rhomaios sagte:

Ein Alter hatte einen guten Schüler, aber aus Geringschätzung jagte er ihn mit dem Mantel zur Tür hinaus. Der Bruder aber blieb draußen vor der Tür sitzen.

Als der Alte schließlich die Tür öffnete, fand er ihn, wie er dasaß, und da ergriff ihn Reue, und er warf sich zu Boden und sprach: «O Vater, die Demut deines Ausharrens hat meine Geringschätzung besiegt. Komm herein, von nun an bist du der Alte und Vater, ich bin der Jüngere und der Schüler.» Rhomaios 2 (Ap 800)

Es ist gut, wenn die Türen nicht verschlossen bleiben.

Durch dieselbe Tür wird der Schüler hinausgejagt, durch dieselbe Tür tritt der Abbas erwachend in Anbetracht der Demut seines Schülers. Durch dieselbe Tür betreten sie das Kellion wieder in ganz neuer Gemeinschaft.

Immer wieder braucht es Umkehr: Der ausgezogene Mantel, das ist der ungezügelte Zorn und die um sich schlagende Geringschätzung. Das Durchschreiten der Tür bückt den Menschen zur Demut: im Niederwerfen zur Bewegungslosigkeit das plötzliche Tor zur Einsicht.

Wer durch Türen tritt, sieht Neues. Das Bewußtsein braucht Türen. Niedrige Türen.

Sitzen mit einem schlechten Lehrer

Einer der Alten erzählte, er habe von den Heiligen (Männern, Mönchen) gehört, auch Jüngere könnten Alte zum Leben führen, und er erzählte:

Es gab einen trunksüchtigen Alten, der verfertigte täglich eine Matte, verkaufte diese im Dorf und vertrank den Lohn, den er dafür erhielt.

Da kam ein Bruder zu ihm, blieb bei ihm, und auch er flocht täglich eine Matte. Der Alte nahm auch diese Matte mit ins Dorf, verkaufte die beiden Matten und vertrank den Lohn. Dem Bruder brachte er abends nur ein wenig Brot mit.

So trieb er es drei Jahre lang, aber der Bruder sagte nichts. Dann aber sagte er zu sich selbst: «Siehe, ich bin nackt, und in Dürftigkeit esse ich mein Brot. Ich will aufstehen und von hier weggehen.» Dann aber dachte er wiederum bei sich: «Wohin sollte ich denn gehen? Ich sitze weiter, denn wir sitzen ja um Gottes willen in Gemeinschaft.» Und sogleich erschien ihm ein Engel, der sagte: «Geh keinesfalls weg, um für dich allein zu leben, denn morgen komme ich zu dir.»[39]

Der Bruder bat den Alten am folgenden Tag: «Geh bitte nicht fort, denn heute kommen die Meinen, mich abzuholen!» Zur Stunde, als der Alte jeweils wegzugehen pflegte, sagte dieser: «Heute kommen sie nicht, Kind, sie haben sich versäumt.» Der Bruder sagte: «Nein, Vater, sie werden ganz sicher kommen.» Und während er noch mit ihm sprach, entschlief er.

Der Alte begann zu weinen und sagte: «Weh mir, mein Kind, wie viele Jahre habe ich in liederlicher Sorglosigkeit verbracht! Du aber, in kurzer Zeit hast du deine Seele gerettet durch dein Erdulden.»

So kam der Alte zur Besinnung und wurde (doch noch) ein bewährter (Altvater). Anonymus (N 340; Vp V,16,18)

Der innerste Kern, den aufzubrechen wir uns so schwertun, hier ist er:

«Wohin sollte ich gehen? Ich sitze weiter…»

Ob wir – vermöchten wir an dieser Frage zu verweilen – wirklich morgen nach Hause kehren wollten?

Wohin gehen wir, wenn wir weggehen?

Erst in der Ichlosigkeit (hier verwirklicht im Gehorsam) kommt uns Erlösendes entgegen.

Fragen aushalten lockt Licht.

Sitzen und Schaden nehmen: Entscheide selbst

Ein Bruder fragte Abbas Poimen: «Meine Seele nimmt Schaden bei meinem Abbas. Soll ich trotzdem bei ihm sitzen?»

Der Alte wußte, daß diesem Bruder Schaden zugefügt wurde, und er wunderte sich, daß der Bruder ihn (überhaupt) fragte, ob er noch (bei seinem Vater) sitzen solle. Und der Alte sagte: «Wenn du willst, sitze weiter.»

Der Bruder kam wiederum und sagte: «Meine Seele nimmt Schaden!» Aber der Alte sagte ihm nicht: «Gehe weg.» Und zum dritten Mal kam er und sagte: «Wahrlich, ich will nicht mehr (bei ihm) sitzen.» Da sagte Abbas Poimen zu ihm: «Sieh, jetzt bist du gerettet. Geh fort, und sitze nicht mehr (bei ihm)!»

Der Alte erläuterte: «Wenn ein Mensch sieht, daß seine Seele Schaden nimmt, ist es dann nötig, daß er Fragen stellt? Betreffend der verborgenen Gedanken soll man fragen, und die Alten sind es, die sie prüfen sollen. Betreffend der klar erkennbaren Mängel (Fehler, Sünden) ist dies nicht nötig; solche sind ohne zu zögern auszumerzen.»   Poimen S 2

Poimen fürchtet keinen Augenblick, der Bruder könnte bei seinem unfähigen Abbas tatsächlichen und bleibenden Schaden nehmen.

Er wird nur soviel Schaden nehmen, als notwendig ist, die Sicht zu klären. Poimen läßt die Fragen und Zweifel abprallen und wendet den Blick des Bruders zurück auf dessen Selbst: «Wenn du willst, sitze weiter.»

Der Abbas ist keine absolute Autorität, und der Gehorsam ihm gegenüber entbindet nicht von der Verpflichtung, den eigenen Weg selbstverantwortet zu suchen und zu gehen.

Die Demut ist keine festgelegte Tugendgröße. Demut kann bedeuten, auf Demut (zum Beispiel in Form ungerechtfertigten Gehorsams) zu verzichten.

Für den Vollkommenen ist Erkennen und Vollbringen eine Bewegung. Uns – und dem Bruder – zum Trost: Auch der Zögernde wird gerettet.

Gott verjagen

Abbas Johannes war glühend im Geist. Ein Besucher kam einmal und lobte sein Werk. Johannes arbeitete (sitzend) an seinem Seil und verharrte im Schweigen. Jener wandte sich wieder an ihn, und wieder schwieg er. Beim dritten Mal sagte er zu dem Besucher: «Seit du hierhergekommen bist, hast du Gott von mir vertrieben.»   Johannes Kolobos 32 (Ap 347)

Die Geschichte findet in einem andern (vielleicht älteren) Manuskript[40] *und in anderem Zusammenhang (nämlich beim Essen) eine Fortsetzung:*

Nachdem der gerügte Besucher ganz geknickt weggegangen war, machte ein anwesender Bruder Johannes Vorwürfe, weil er diesen so betrübt entlassen hatte. Johannes gibt eine etwas gequält langwierige Erklärung ab, um sich zu rechtfertigen, schließt dann aber: «Ich werde hingehen und ihn um Verzeihung bitten. So wird jener einen Nutzen haben, und ich werde wieder ungestört sitzen können. Du aber geh in dein Kellion, und laß dich durch die Sache nicht beunruhigen.»

Leere Worte des Lobes haben einen faden Geschmack. Johannes weiß es und geht daran vorbei. Wenn damit aber auch Gott schon vertrieben ist, wie heiß mag Johannes' Glut gewesen sein? Das Problem beginnt bei der offenen Tür.

Es geht nicht an, um der eigenen Vollkommenheit willen einen Bruder – und sei er ein Schwätzer – zu betrüben. Wer weiß, ob nicht gerade er unser Heil fördert und uns an stille, aber eitle Gedanken erinnert?

Der leichte Weg

Einer der Väter erzählte von einem eifrigen Alten in den Kellia, der sich nur mit einer Matte bekleidete. Als er einmal unterwegs war, traf er Abbas Ammonas. Als der Alte ihn sah, wie er nichts als die Matte trug, sprach er zu ihm: «Das bringt dir keinen Nutzen.»

Da fragte ihn der andere: «Drei Gedanken bedrängen mich: Soll ich in der Wüste herumwandern, oder soll ich in die Fremde ziehen, wo keiner mich kennt, oder soll ich mich im Kellion einsperren, um niemandem mehr zu begegnen, und nur noch alle zwei Tage essen?»

Abbas Ammonas antwortete: «Nichts von alledem nützt dir etwas. Besser ist: Setze dich in dein Kellion, iß täglich ein wenig, und habe allezeit das Wort des Zöllners in deinem Herzen (‹Gott, sei mir Sünder gnädig›; Lk 18,13). So kannst du gerettet werden.»[41]   Ammonas 4 (Ap 116)

Der eifrige Alte ist wirklich zu bedauern. Wie lange quält er sich schon mit seiner unbequemen groben Matte ab! Und immer noch verzweifelt er an der Methodenfrage[42].

Und nun – aus heiterem Himmel – statt Anerkennung und Bestätigung die schroffe Absage an all sein Mühen und Nachdenken: «Das bringt dir keinen Nutzen.»

Diesem unerwarteten Donnerschlag folgt Stille, und zwischen den felsigen Abgründen öffnet sich das sanfte Tal des leichten Weges: Sitzen statt einsperren; dem Leib das Nötige zugestehen, statt ihn zu martern; statt in die Fremde zu ziehen, Gott unablässig ins schlichte Zuhause des Herzens bitten.

Sage, was du willst

Man erzählte von einem Bruder, daß er den Zorn besiegt habe. Einst begab er sich nach der gottesdienstlichen Versammlung zu Abbas Antonios. Dieser wollte prüfen, ob der Bruder die Leidenschaft (wirklich) überwunden habe, und sagte zu ihm: «Erhebe dich, und rezitiere auswendig ein kleines Herzensgebet[43]!»

Nachdem er sich hingestellt hatte, sagte der Bruder zu dem Alten: «Woraus willst du, daß ich mein Herzensgebet rezitiere, aus dem Alten oder aus dem Neuen (Testament)?»

Als Antonios diese Worte hörte, sagte er: «Setze dich! Dein Hochmut ist unangebracht.»

Als der Bruder wieder saß, begann der Alte von neuem: «Ich habe dir doch gesagt: Steh auf, und rezitiere ein kleines Herzensgebet!» Als der Bruder aufgestanden war, fragte er den Alten: «Willst du, daß ich aus dem Neuen oder aus dem Alten Testament rezitiere?»

Der Alte wiederholte: «Setze dich, du unverbesserlich Hochmütiger!»

Der Bruder setzte sich.

Und nochmals sagte der Alte: «Steh auf, und mache dein kleines Herzensgebet!»

Und wieder fragte der Bruder: «Aus dem Neuen oder Alten Testament?»

Da sagte der Alte zu ihm: «Wahrlich, mein Sohn, du hast das ganze Alte und Neue Testament erfüllt. Rezitiere, was du willst!»   Antonios[44]

Demut heißt, sehen, was ist, fragen, was man nicht weiß, tun, was zu tun (befohlen) ist.

Der Bruder läßt sich von Antonios nicht aus der Spur

drängen. Seine Frage ist das Aufzeigen von zwei Möglichkeiten, über die er – ohne dies für etwas Besonderes zu halten – verfügt, was Antonios irrtümlicherweise für Hochmut hält.

In der Tat, an echten Fragen – wie immer sie lauten mögen – wollen wir beharrlich festhalten, sofern uns eine Antwort möglich scheint.

Wir sollten uns hüten, überlegene Fraglosigkeit vorzutäuschen oder nachlassende Achtsamkeit als Demut auszugeben.

Antonios ist ein guter Lehrer: er lernt schnell.

Praxis nicht vorführen

Ein Bruder, der Asket war und der kein Brot mehr aß, besuchte einen berühmten Alten. Es befanden sich aber schon andere Fremde dort, und deshalb hatte der Alte eine Kleinigkeit zum Essen aufgestellt. Wie sie sich nun zum Essen setzten, legte der asketische Bruder nur einige angefeuchtete Kichererbsen vor sich hin und aß diese.

Als sie vom Essen aufgestanden waren, nahm ihn der Alte beiseite und sagte zu ihm: «Bruder, wenn du jemanden besuchst, lege deine Lebensweise [= Art der Askese] nicht so offen dar. Wenn du unbedingt daran festhalten willst, so bleibe in deinem Kellion sitzen und verlasse es nicht mehr.»

So wurde er durch das Wort des Alten belehrt, und er paßte sich künftig den andern an im Zusammensein mit den Brüdern. Anonymus (N 257)

Fasten heißt den Leib auffordern, der richtigen Gesinnung Raum zu geben. Richtige Gesinnung heißt: Aufmerksamkeit in Liebe verwandeln. Wer ist denn kein Fremder in der Wüste und bedarf keines Brotes, das ein anderer freudig mit ihm teilte?[45]

Erbsenpickende Schauasketen haben die Welt nicht verlassen, sondern sie zu ihrer Bühne gemacht. Geduldig mahnt der Abbas zurück an den Anfang: «Bleibe in deinem Kellion sitzen.» Und er meint damit: Versuche zu sehen, was du wirklich bist. Nämlich – wie wir alle – einer, der vor Gott seine Sünden beweint.

Endlich Ruhe beim Sitzen

(Der alte Pachon gesteht Palladios, daß er seit vierzig Jahren bis auf den heutigen Tag versucht werde. Besonders ausführlich erzählt Pachon von seinem jahrelangen Kampf mit seiner Geschlechtlichkeit, den ein Dämon hartnäckig gegen ihn ficht. Schließlich – er will gerade seinem Leben durch einen provozierten Schlangenbiß ein Ende setzen – hört er eine Stimme, die sein ständiges Scheitern rechtfertigt:)

«‹Ich ließ dich deshalb überwältigt werden, damit du nicht auf dein eigenes Vermögen stolz würdest; setze in Erkenntnis deiner Schwäche das Vertrauen nicht auf deine Askese, sondern nimm Zuflucht bei der Hilfe Gottes!› In dieser Zuversicht kehrte ich (Pachon) zurück. Ich war voller Mut, widmete mich wieder dem Sitzen und kümmerte mich nicht mehr um diesen Kampf und lebte künftig in Frieden. Der andere aber (der Dämon), der meine Verachtung kannte, näherte sich mir nicht mehr.»   Pachon (H. L. c. 23)

Viel Verwirrung, aber viel Ehrlichkeit.

Wir sollten unseren Schwächen Aufmerksamkeit schenken. Abbas Kyros sagt: «Wenn du den (unzüchtigen) Gedanken nicht hast, dann entbehrst du der Hoffnung.»[46] *Ohne im Dickicht des Tales Bedrängnis erfahren zu haben, wie kann man auf den Bergen die nötige Freude freisetzen, um die Sonne aus der Dunkelheit zu locken?*

Aus der Einsicht in unsere Schwäche kann Begehren schwinden; nicht durch eigenes Vermögen, sondern durch Ichlosigkeit in der Zuflucht.

Sitzen in Herzensruhe: wieviel Mühe liegt dahinter! Wieviel Gnade!

«Was wird geschehen?»

Ein Alter saß in Raïtu und hatte diese Übungsweise: Immer saß er in seinem Kellion, sorgenvoll gegen die Erde geneigt, und seinen Kopf stets schüttelnd, sagte er mit Seufzen: «Was wird nun geschehen?» Dann schwieg er kurze Zeit, und wieder sprach er dieselben Worte, immer in derselben Weise. Zugleich arbeitete er an seinem Seil. So verbrachte er all seine Tage, den Ausgang (seines Lebens) bedenkend.

Anonymus (N 531)

Welch eigenartige Übung: so mühsam, mit Leib und Seele dem Fragen verpflichtet. Aber was geschah während des kurzen Schweigens?

Ist das nicht vollkommenes Atmen?

Ausatmend Sprache «ablegen» als fragenden Zuspruch an Irdisches. Einatmend: Stille, in der die Ränder von Raum und Zeit unscharf werden.

So knüpft sich Sinn, vorübergehend sichtbar im Werk.

Fragen

Ein Bruder kam zu Abbas Poimen und fragte: «Was soll ich tun?»

Da sagte ihm der Alte: «Schließe dich dem an, der immerzu fragt: ‹Was will ich?› Da wirst du Ruhe finden. (Das heißt) wenn du dich selbst geringachtest, wirst du Ruhe finden, wo immer du sitzest.»   Poimen 143 und 81 (Ap 717 und 655)

Sitzen ist bei den Wüstenvätern vorerst keine Sache der Körperhaltung, sondern des Innehaltens. Innehalten ist keine Sache des Ortes, sondern Wendepunkt der Bewegung. Bewegung nimmt Anlauf in der Stille des Anfangs. Anfängergeist bleibt fragend, und Nicht-Wissen ist Zeichen sicheren Weges.

Ich sitze nicht, ich gehe

(Serapion – wie er uns in der Historia Lausiaca begegnet – war bekannt als einer der wenigen Väter, die nicht in einem Kellion blieben, sondern ihre Tugend vervollkommneten, indem sie sich auf ihren Wanderungen durch bewohnte Gegenden immer wieder in den Versuchungen der materiellen Welt bewährten.

Nachdem Serapion durch Griechenland gewandert war, sich selbst öfters als Sklave verdingt hatte, um bei dieser Gelegenheit die Familie seines Dienstherrn bekehren zu können, reiste er nach Rom, um dort berühmte Asketen und Asketinnen aufzusuchen. Von einem gewissen Domninus erfährt er von einer Jungfrau,) die ihr Leben zurückgezogen in Schweigen verbrachte und mit niemandem Umgang pflegte.... Als er zwei oder drei Tage gewartet hatte, konnte er ihr schließlich begegnen und sagte ihr:

«Was sitzest du hier?»

Sie antwortete: «Ich sitze nicht, ich gehe.»

«Wohin gehst du?»

«Zu Gott.»

Da sagte er ihr: «Lebst du, oder bist du gestorben?»[47]

Sie sprach: «Ich vertraue auf Gott, daß ich gestorben bin; wer nämlich dem Fleisch nach lebt, kann nicht (zu Gott) gehen.»

(Serapion will nun allerdings die Demut der Jungfrau auf höchst ungehörige Weise prüfen, indem er sie zur völligen Entblößung in der Öffentlichkeit auffordert, was diese ablehnt mit den Worten:) «...bis zu diesem Grad (der Abtötung) zu gelangen liegt nicht einmal in meinem Wunsch.»

Serapion (H. L. c. 37)

Serapion will der Jungfrau beweisen, daß sie der Welt noch nicht völlig abgestorben sei, und meint, damit ihre Demut gestärkt und ihren Dünkel gebrochen zu haben.

Ich vermute:

Die Frau ist schon dort angekommen, wohin sie vorgibt, unterwegs zu sein. Serapion aber (und mit ihm der Autor) wird immer noch von seinen Wünschen umgetrieben.

Sein Versuch, dieser Frau das Noch-nicht-Erreichte auf den Stufen eines fraglichen qualvollen Aufstiegs vorzuhalten, könnte höchstens seinen eigenen erbärmlichen Standpunkt klarmachen: weit entfernt vom Nicht-wünschen und Nicht-urteilen.

Nachahmung

(Johannes Eunuchos) sagte: «Ahmen wir unsere Väter nach:
In welch harter Lebensweise und in welcher Herzensruhe
saßen sie hier!»   Johannes Eunuchos 4 (Ap 404)

*Der Blick zurück zu den Vätern, und verlängert zu paradie-
sischen Zuständen, ist immer auch der Versuch, einen ursprünglichen Entwurf zu aktualisieren. Die Erfüllung der
Sehnsucht, die uns umtreibt, liegt als Spur in uns; zugleich
verweist und zieht ER uns immer zu sich.*

*«Zugleich» steht als Aufforderung auch hinter der An-
weisung von Abbas Johannes. Die harte Lebensweise ist die
tägliche Mühe, die Herzensruhe ist das glückliche Verweilen
im Umkreis Gottes. Es ist aber nicht so, daß der Mühe und
Anstrengung die Ruhe (als Belohnung) folgte. Die Ruhe entsteht in der Anstrengung. Mühe ist das Mark der Ruhe, Herzensruhe und Mühe sind nicht getrennt, sondern zugleich.*

Herzensruhe heißt Sitzen

Ein Bruder fragte Abbas Rufos: «Was ist das, ‹Herzensruhe› *[hesychia]*, und was ist ihr Nutzen?»

Der Alte antwortete ihm: «‹Herzensruhe›, das ist das Sitzen im Kellion mit Gottesfurcht und Gotteserkenntnis und sich der Erinnerung an erlittenes Unrecht und hochmütiger Gedanken enthalten. Eine solche Herzensruhe ist die Mutter jeglicher Tugenden, sie bewahrt den Mönch vor den Fängen des Feindes, sie läßt nicht zu, daß er verwundet wird. Ja, Bruder, sie (die Herzensruhe) erwirb!»

Rufos 1 (Ap 801)

«Herzensruhe»: Sitzen in vier Richtungen:

Gotteszeichen: Zur Linken «Furcht»: das Zittern des Herzens im Allumfassen des Einen. Zur Rechten «Erkenntnis»: das Aufleuchten, wenn Liebe sehend wird.

Menschenweg: Leere hinter und vor mir: hinten nichts Nachzutragendes, in Bitterkeit nicht und auch nicht in Wehmut, vor mir die Offenheit unbegrenzter Demut.

Die Ebene des Hierseins bricht senkrecht auf, und Abbas Rufos fährt fort: «Ja, Bruder, sie erwirb, gedenkend deines Scheidens im Tod, denn du weißt nicht, zu welcher Stunde der Dieb kommt (Lk 12,39). Ansonsten wache in nüchterner Klarheit über deine Seele!»

So fügt sich Ab- und Aufstieg aus dem Sitzen dazu: hinab ins Dunkel des Todes und hinauf zu lichtem Betrachten des Selbst.

In der Herzensruhe entstehen unmerklich die zeitlosen Räume neuer Geburt.

Mühe – Sitzen – Herzensruhe

Über Abbas Chairemon in der Sketis wurde erzählt, daß seine Höhle vierzig Meilen von der Kirche entfernt war, von den Sümpfen und dem Wasser zwölf Meilen. Von ebenso weit her mußte er in seine Höhle tragen, was er erarbeitete, und auch die zwei Wasserkrüge schleppte er einen nach dem andern herbei; sonst aber saß er und widmete sich der Herzensruhe.   Chairemon (Ap 932)

Auch wenn 40 und 12 nur symbolische (und in der Heiligen Schrift oft verwendete) Zahlen sein sollten, so scheint das Leben von Abbas Chairemon doch äußerst mühsam gewesen zu sein. Das Leben läßt sich immer mit etwas mehr Bequemlichkeit erleichtern. Chairemon aber hat den unschätzbaren Wert der alltäglichen Mühe erkannt.

Das tun, was das Leben täglich von uns fordert – ob nachgiebig oder mit Widerstand –, ohne mit den Gedanken ständig anderswo, zum Beispiel bei unseren Wünschen, zu sein.

«Sonst aber» – das ist die übrige Zeit: Chairemon zeigt: Jeder Augenblick ist ein guter Augenblick, denn jeder Augenblick ist als Augenblick des Übens bedeutsam.

Sehen

Silvanos saß einmal mit den Brüdern (auf dem Berg Sina[48]).
Dabei geriet er plötzlich in Entrückung und fiel auf sein
Angesicht. Nach langer Zeit richtete er sich wieder auf und
weinte. Die Brüder fragten ihn:

«Was hast du, Vater?»

Er aber schwieg und weinte. Da sie ihn aber zum Reden
nötigten, sprach er: «Ich wurde ins Gericht entrückt, und
dort sah ich viele der Unsrigen, die zur Strafe geführt, und
viele Weltleute, die ins Himmelreich gebracht wurden.»

Und der Alte fiel in Trauer und wollte sein Kellion nicht
mehr verlassen. Wenn es trotzdem nötig wurde hinauszugehen, bedeckte er sein Gesicht mit der Kukulle [= Schulter-
umhang mit Kapuze]: «Was soll ich dieses vergängliche Licht
sehen? Davon habe ich keinen Nutzen.»

(Ein andermal bewässert Silvanos mit bedecktem Gesicht
den Garten und schaut nur auf seine Füße. Einem erstaun-
ten Bruder erklärt er: «Damit meine Augen nicht die Bäume
sehen und mein Geist durch die Arbeit nicht unruhig
wird.»[49])   Silvanos 2 (Ap 857)

Sehen birgt Gefahr: Es reißt uns hinaus zu den Dingen und
zwingt uns zur Orientierung, zum Raum-Einrichten, zum
Urteil an der Welt. Abbruch des Blickflusses bindet uns
zurück ins Wirkliche, zur Schau unserer Innerlichkeit. Das
Verdecken der Augen ist die vergrößerte Geste des ständigen
Lidschlags: Nicht Abdämmern, sondern nötiges Wachrüt-
teln an unserer Grenzung zum Innenlicht.

Sitze, bevor du fährst!

Abbas Ammonas kam einmal an den Strom und wollte diesen überqueren. Er fand auch ein tüchtiges und schönes Schiff, setzte sich aber daneben nieder (ohne es zu besteigen). Und siehe, bald kam wieder ein Boot, um die wartenden Menschen überzusetzen. Diese riefen ihm zu: «Komm, Abbas, setze über mit uns.»

Er aber sagte: «Ich steige nur in ein öffentliches, von der Obrigkeit eingesetztes Boot.»

Er hatte ein Bündel Palmblätter bei sich, saß da und flocht an seinem Seil, löste dieses wieder auf und fuhr so fort, bis das Fährboot kam. Und nun fuhr er hinüber. Die Brüder aber warfen sich ihm zu Füßen und fragten: «Warum tatest du das?»

Und der Alte sagte ihnen: «Damit mein Denken nicht immer irgendwohin strebt, beim Herumgehen. Es soll aber auch ein Beispiel sein, daß wir auf dem Weg des Herrn in ruhiger und rechter Verfassung schreiten sollen.»

Ammonas 6 (Ap 118)

Sitzen und Arbeiten werden eine Übungspraxis. Die Arbeit zielt nicht auf ein Produkt. Die Gefahr ist groß, daß wir beginnen, Dinge zu sammeln, und diese den Blick auf unser Tun verstellen. Statt sich selbst überwacht man Besitz.

Ruhig werden am Fluß der Dinge ermöglicht Überquerung. Es gibt viele unsichere Boote mit zweifelhafter Besatzung. Wie oft gilt auch für uns: In gefestigter Haltung geduldig auf das richtige Schiff warten!

Keine Zeit!

Ein Bruder kam, um bei Abbas Johannes Körbe zu holen. Dieser trat heraus und fragte: «Was willst du, Bruder?»

Der antwortete: «Körbe, Abbas.»

Johannes ging hinein, um sie zu holen, vergaß (die Sache) aber, setzte sich hin und flocht weiter. Der Bruder klopfte wieder und sagte, als Johannes herauskam: «Bring die Körbe, Abbas!»

Dieser ging hinein und setzte sich wieder zum Flechten hin. Und nochmals klopfte der Bruder. Wieder kam Johannes und fragte: «Was willst du Bruder?»

«Die Körbe, Abbas.»

Da nahm er ihn bei der Hand, führte ihn hinein (ins Kellion) und sagte: «Wenn du Körbe willst, nimm und geh. Ich habe nämlich keine Zeit.» Johannes Kolobos 30 (Ap 345)

Johannes will keine Gedanken mehr an Weltdenken wie Produktion, Verkauf und Gewinn binden. Es genügt ihm zu wissen, daß man arbeiten muß, um zu essen. Mönche leben manchmal engelgleich, aber sie sind keine Engel.[50]

Seine Vergeßlichkeit ist die Verweigerung, sich dem Zwang der Vernunft zu beugen. Richtigkeit, die sich zwangsweise ergibt, ist nicht letzter Wissensgrund, Denken ist nicht Sein.

Dreimal wendet Johannes sich ab und findet nicht, was ihn noch an das Draußen knüpfen könnte. Was der Welt gehört, soll sie sich selber nehmen. Johannes' Hände sind leer.

Wie ein Blitz

Über Abbas Pambo wurde erzählt:

Wie Moses das Abbild (Aussehen) der Herrlichkeit Adams annahm, als sein Angesicht verherrlicht wurde (Ex 34,29), so leuchtete auch Pambos Antlitz wie ein Blitz, und er war wie ein König, der auf dem Throne sitzt. Seine Wirksamkeit war dieselbe wie die von Abbas Silvanos und Abbas Sisoes.»

Pambo 12 (Ap 773)

Wenn Heilige sitzen, ordnet sich die Welt: Die eingesammelten Bewegungskräfte verwandeln sich in die Kraftfelder des Thronens. Bei einigen bricht sichtbar Licht aus der Stille, und in der Leuchtspur glänzt neues Ich: Christus.

Sitzen und schlafen gegen Verwirrung

Einst machte sich Abbas Ammonas auf, um Abbas Antonios zu treffen, verirrte sich aber unterwegs. Da setzte er sich und schlief ein wenig. Aus dem Schlaf heraus stand er auf und betete zu Gott: «Ich bitte dich, Herr, mein Gott, laß dein Geschöpf nicht zugrunde gehen!» Und es zeigte sich ihm etwas wie eine Menschenhand, die aus einer Wolke herabhing und ihm den Weg zeigte, bis daß er bei der Höhle von Abbas Antonios ankam.   Ammonas 7 (Ap 119)

Immer verirren wir uns unterwegs. Es wäre unklug, sich darüber hinwegzutäuschen und die letzten Kräfte mit sinnlosem Hin- und Herlaufen zu verschleißen.

Sich hinsetzen und ein wenig schlafen heißt: das eigene Laufen und Suchen, Streben und Vorstellen unterbrechen. Nicht – und das ist, was Ammonas uns mitteilen möchte – um neue Kräfte zu schöpfen, sondern um unser Wollen zu lockern für das Vertrauen. Der Durst vergeht, und der Weg zeigt sich – Schritt für Schritt – vor unsern Füßen.

Auf den Morgen warten

Als Abbas Johannes einst mit den andern Brüdern von der Sketis her kam, verirrte sich ihr Führer, denn es war Nacht.

Da sagten die Brüder zu Abbas Johannes: «Was sollen wir tun, Abbas, der Bruder hat den Weg verloren, und wir wollen doch nicht als Verirrte sterben!»

Der Alte sagte zu ihnen: «Wenn wir es ihm sagen, wird er traurig und schämt sich. Aber seht: Ich stelle mich erschöpft und sage, daß ich nicht mehr weitergehen kann, sondern hierbleiben will bis zum Morgen.»

Und so machte er es. Die andern sagten: «Wir gehen auch nicht mehr weiter, sondern wollen mit dir hier sitzen.»

Und sie saßen bis zur Morgenfrühe. So gaben sie dem Bruder keinen Grund zum Ärgernis.

Johannes Kolobos 17 (Ap 332)

Manchmal gilt nur dies: die Nacht unbeschadet überstehen! Schnell verblaßt in der Wüste, was uns gesichert schien, und ohne zu zögern hascht der Tod nach uns.

Kommt das Tageslicht, klärt sich alles auf. Fehler werden erkannt, neue Sicht ist eröffnet.

Was hat sich geändert durch die List, die alle zum Anhalten zwang? Keiner soll beschämt oder verlassen zurückbleiben. Jeder zählt in seiner Verbundenheit zur Gemeinschaft.

Sitzend – und in Liebe verbunden – erwarten wir alle den Morgen.

Evagrios entrückt, nachts

Evagrios berichtet:

Es war, als ich in meinem Kellion saß, in der Nacht bei brennender Lampe und über einen der Propheten meditierte. Mitten in der Nacht wurde ich entrückt und fand mich wie in einem Traum im Schlaf. Ich sah mich in der Luft hängen, bis in die Wolken (erhoben), und ich schaute hinunter auf die ganze Welt. Und jener, an dem ich hing, sagte zu mir: «Siehst du dies alles?» Denn er hatte mich bis in die Wolken erhoben, und ich sah die ganze Welt auf einmal. Ich sagte zu ihm: «Ja.» Er sagte zu mir: «Ich werde dir ein Gebot geben. Wenn du es hältst, wirst du Herrscher über all dies sein, was du siehst.» Daraufhin sagte er zu mir: «Geh, sei barmherzig und demütig, und setze dein Denken aufrichtig auf Gott, und du wirst Herrscher über all dies sein.» Kaum hatte er dies gesagt, da sah ich mich, ein Buch in der Hand und den Docht (der Lampe) brennend.[51]   Evagrios (H. L. kopt.)[52]

Einige Wüstenväter hätten dieser Stimme wahrscheinlich mißtraut.[53] Könnte es nicht die verführerische Stimme eines Dämons sein, der zu Herrschaftsgelüsten verführt?[54]

Welch ein Höhenflug – um die Kraft der Demut zu zeigen! Aber auch die Schwierigkeiten werden deutlich: Wie kann man über allem sein und zugleich demütig?

Evagrios findet sich wieder in seinem Kellion sitzend vor seiner Lampe und seinem Buch.

Es ist nicht einfach, Anfänger zu bleiben im Auf und Ab, zwischen Himmel und Erde.

Mühe und Wachheit – Tag und Nacht

(Dorotheos war bekannt wegen seiner strengen Askese. Palladios sollte drei Jahre bei ihm bleiben, um die «Leidenschaften zu bändigen», mußte den Aufenthalt aber abbrechen, weil er bei der strengen Lebensweise krank wurde. Von Dorotheos berichtet Palladios im weiteren:)

Den ganzen Tag hindurch trug er unter größter Sonnenglut in der am Meeresufer gelegenen Wüste Steine zusammen und errichtete damit Mauern für Zellen [Kellia], die er denen überließ, die nicht in der Lage waren, solche zu bauen. Auf diese Art konnte er jedes Jahr eine Zelle [Kellion] fertigstellen. Als ich ihn einmal fragte: «Warum tötest du in deinem hohen Alter deinen Leib in solcher Sonnenglut ab?», gab er mir zur Antwort: «Er tötet mich, und so töte ich ihn!» … Nie habe ich gesehen, wie er etwa die Füße (zum Schlafen) ausgestreckt hätte; auch ruhte er weder auf einer Matte noch auf einem Bettgestell. Die ganze Nacht hindurch blieb er sitzen und flocht an einem Seil, um sich so den Lebensunterhalt zu verdienen.   Dorotheos (H. L. c. 2)

Zeigt sich hier eine leibfeindliche Haltung? Dorotheos liegt nichts an unserer Frage.

Er zeigt, daß es möglich ist, jeden Augenblick dem Leib durch Mühe und Wachheit – mehr liegt nicht in unsern Händen – etwas abzugewinnen, was sich schon jetzt zu neuer Behausung formt.

Wir sollten mit Vorstellungen von einem selbständigen Leibwesen, gegen das anzukämpfen wäre, dem Zugeständnisse gemacht werden müßten oder das irgendwelche Rechte besäße, zurückhalten.

Vielleicht ist es auch unsinnig, sich ein Ich einzubilden, das sich vom Leib befreien müßte, um seinem ursprünglichen Wesen gerecht zu werden.

In dunkler Zeit sollten wir einfach versuchen, wach zu bleiben und weiterzuflechten, solange die Blattfasern feucht sind.

Sitzen bis zum Tod

(Jonas führte während 85 Jahren ein strenges asketisches Leben und arbeitete im Kloster als Gärtner.) Wie wir hörten,
schlief dieser Selige bis zu seinem Tode nie, indem er sich
hinlegte. Am Tag arbeitete er in den Gärten, bei Sonnen-
untergang nahm er ein wenig Nahrung zu sich, ging in sein
Kellion und saß dort auf einem Schemel mitten im Raum
und flocht Schnüre bis zum nächtlichen Gottesdienst. In dieser Haltung geschah es ihm auch, daß er – von der Natur genötigt – für kurze Zeit vom Schlaf übermannt wurde, und so
schlief er also im Sitzen mit den geflochtenen Schnüren in den
Händen. Ein Licht zündete er nie an, sondern er saß in der
Dunkelheit und rezitierte Stellen aus der Heiligen Schrift.

Wir erfuhren auch, auf welch ungewohnte Weise Jonas
starb: Er saß auf seinem Schemel, wie gewohnt Schnüre
flechtend, und so reichte er Gott sein heiliges Leben dar; so
fand man ihn, tot, die Schnüre in den Händen.

(Zuvor war Jonas krank, wollte sich aber – auch als
Kranker – nicht hinlegen und wies jede Erleichterung – zum
Beispiel ein Kissen – von sich. Sein Leichnam war so hart
und trocken, als man ihn fand, daß er in sitzender Haltung
beerdigt werden mußte.) Jonas[55]

*Die Welt ist ein Garten, ist Schöpfung. Wir sind Teil davon,
und es steht uns nicht an, diese Teilhabe in Frage zu stellen.
Die Versuchung dazu schwindet durch Arbeit an und für die
Welt.*

*Jonas verdichtet auch nachts noch seinen Schöpfungs-
anteil durch Arbeit: Mächtig des Knüpfens und Lösens flicht
er die Schnur vom Dunkel ans Licht, hindert Lichtkräfte am
Versickern im Gewächshaus der Träume.*

Sitzen – Warten

Ein Altvater mit Wohnsitz in einer Höhle in der Thebais hatte einen bewährten Schüler. Es war allabendliche Gewohnheit, daß der Altvater diesen über das (zum Heil) Nützliche unterwies; nach der Unterweisung sprach er ein Gebet und entließ ihn zum Schlafen. Es kamen nun einmal einige fromme Weltleute, die um das vielfältige asketische Mühen des Altvaters wußten, zu Besuch, und er gewährte ihnen Zuspruch. Nach ihrem Weggehen setzte sich der Altvater abends wie gewohnt wieder hin, doch während er den Bruder ermahnte und sich mit ihm unterhielt, schlief er ein. Der Bruder wartete, bis der Altvater erwache und mit ihm das Gebet verrichte. Nachdem er lange so dagesessen war und der Altvater nicht aufwachen wollte, wurde er von Gedanken bedrängt, wegzugehen und sich ohne Entlassung schlafen zu legen. Er bezwang sich jedoch, widersetzte sich dem Gedanken und blieb. Wieder wurde er bedrängt, aber er ging nicht weg; bis zu siebenmal wurde er vom Gedanken bedrängt, dem er (aber) widerstand. Danach, als die Nacht schon fortgeschritten war, erwachte der Altvater und fand ihn neben sich sitzend und sagte zu ihm: «Bist du bis jetzt nicht weggegangen?» Der antwortete: «Nein, du hast mich ja nicht entlassen, Vater.» Der Altvater sagt: «Und weshalb hast du mich nicht geweckt?» Der sagt: «Ich habe nicht gewagt, dich zu wecken; du solltest nicht (noch mehr) geschwächt werden.» Nachdem sie aufgestanden waren, verrichteten sie die Morgengebete, und nach dem Gottesdienst entließ der Altvater den Bruder und setzte sich (für sich) selbst hin. Da wurde er entrückt, und siehe, da war einer, der ihm einen herrlichen Ort zeigte, und da war auch ein Thron und auf dem Thron sieben Kronen. Er fragte nun den, der

ihm das zeigte: «Wem gehört das alles?» Der sagte ihm:
«Deinem Schüler. Gott will ihn mit diesem Ort und dem
Thron erfreuen wegen seines Gehorsams. Was die sieben
Kronen betrifft, so hat er sie diese Nacht erhalten.» Nachdem der Altvater dies vernommen hatte, wunderte er sich
sehr und geriet in Furcht. Und er ruft seinen Bruder und sagt
zu ihm: «Sag mir, was hast du während der letzten Nacht gemacht?» Der sagt: «Verzeih mir, Vater, ich habe nichts gemacht.» Der Altvater meinte, er wolle aus Demut nichts zu-
geben, und sagte zu ihm: «Ich lasse dich nicht, wenn du mir
nicht sagst, was du getan oder bedacht hast in dieser
Nacht.» Der Bruder, der sich einer besonderen Tat nicht bewußt war, wußte nicht, was er sagen sollte. Er sagte zum Vater: «Abba, ich habe nichts getan als dies: Siebenmal wurde
ich von Gedanken bedrängt, ohne deine Entlassung wegzugehen; aber ich ging nicht weg.» Nachdem der Altvater das
gehört hatte, verstand er, daß bei jedem Ankämpfen gegen
den Gedanken (der Bruder) von Gott gekrönt worden war.
Zum Bruder sagte er aber darüber nichts, wohl aber erzählte er es den geistlichen Vätern, um ihnen damit zu nützen:
damit wir lernen, daß Gott uns auch wegen eines unbedeu-
tenden Gedankens mit einer Krone seine Gunst erweist. Es
ist also gut, sich wegen Gott Gewalt anzutun. Das Himmelreich wird mit Gewalt erstrebt, und (nur) gewaltsam Rin-
gende reißen es an sich (Mt 11,12).   Anonymus (N 211)

*Wir sollten uns die Möglichkeit offenlassen, auf eigene Ent-
scheide verzichten zu können.*

*Es geht nicht um blinden Gehorsam, sondern um die
selbstlose Geduld in Verhältnissen, die zu beeinflussen keine
Notwendigkeit besteht.*

*Sich hinsetzen und warten; Gedanken unberührt vor-
überziehen lassen, das ist alles.*

Nachtsitzen

Und wiederum erzählte Abbas Daniel über Abbas Arsenios:

Einmal rief er meine Väter, Abbas Alexander und Abbas Zoilos, und demütig seine Anfechtung bekennend, sagte er: «Da nun die Dämonen mich bekriegen und ich nicht weiß, ob sie nicht plötzlich von mir Besitz ergreifen (heimlich mich täuschend), so müht euch doch diese Nacht mit mir zusammen, und achtet auf mich, ob ich nicht einnicke während des Wachens.»

Der eine saß zu seiner Rechten, der andere zu seiner Linken, vom Abend an, schweigend.

Und meine Väter erzählten: «Wir aber schliefen ein und wachten wieder auf, so daß wir nicht merkten, ob er eingenickt war. Aber gegen Morgen (Gott weiß, ob er es absichtlich tat, damit wir ihn doch noch beim Einnicken ertappen konnten, oder ob er tatsächlich vom Schlaf übermannt worden war) machte er drei tiefe Atemzüge, richtete sich aber sofort wieder auf und sagte: ‹Ja, ich bin eingeschlafen.› Wir aber antworteten: ‹Wir wissen es nicht.›»   Arsenios 43 (Ap 81)

*

Abbas Daniel erzählte von Abbas Arsenios:

Die ganze Nacht verharrte er wachend. Wenn er dann gegen Morgen dem natürlichen Schlafbedürfnis doch nachgeben mußte, sagte er zum Schlaf: «Komm her, du schlechter Knecht!» Und sitzend erhaschte er ein bißchen Schlaf[56], sofort aber war er wieder hellwach.   Arsenios 14 (Ap 52)

Unverbindlichkeit und Sorglosigkeit – um nur zwei Beispiele aus der Fülle unserer Nachlässigkeiten zu nennen (vielleicht sind es Dämonen?) – bringen auch uns in Gefahr.

Nicht alles ist möglich und erlaubt, nicht alles wiedergutzu-
machen; mehr, als wir meinen, haben wir zu verantworten.
Wachheit müßte uns am Herzen liegen.

Tröstlich, daß wir uns einander anvertrauen können. Und
wir sollten es tun. Letztlich aber sind wir allein unterwegs,
schlafen ein, wachen auf: Osterübung.

Sitzen – Schrecken erregend

Kein Wort vermag angemessen die Rauheit der Einöde dort auf dem Berg zu beschreiben, wo er (Abbas Elias) saß. Niemals stieg er wieder in die bewohnten Gegenden hinunter. Der Pfad war eng für die, die zu ihm hinaufsteigen wollten, so daß man, beengt von beiden Seiten durch schroffe Felsen, kaum in den Spuren Tritt zu fassen vermochte. Elias saß unter einem Felsvorsprung in einer Höhle, und sein Anblick war recht Furcht erregend.   Elias (H.M. c. 7,1.2)

Alles zieht sich zurück: Abbruch der Wege nach unten in das ausgebreitet Geebnete. Überall Gefahr, Ausgespartes und Abragendes, sich anbietend zum Absprung oder -sturz.

Sitzen führt immer ins Abseits der Entfremdung und an die Ränder dessen, was allseitig zugänglich ist und wohlgefällt dem Gewohnten.

Wem ein hartes Stück Alleinsein nicht leicht werden kann, sollte weiterziehen: Sehnsucht bringt immer nahe an das Ersehnte.

Anhang

Worterklärungen

Abbas	Ehrentitel für einen bewährten Mönch; so z. B. als Lehrer und Meister von seinem Schüler angesprochen; vgl. auch z. B. Mk 14,36.
der Alte	*[geron]* Reifer erfahrener Mönch.
Anachoret	Mönch, der sich in die Einsamkeit zurückgezogen hat *[anachorein]* und im Gegensatz zum Koinobiten allein (ohne Regel) lebt.
Hesychia	Herzensruhe. Zustand der meditativen Ruhe und Stille, den es anzustreben galt, der aber auch als Bedingung genannt wird.
Kellion	[Pl.: Kellia] Zelle; evtl. auch aus mehreren Räumen bestehend.
Kellia	Gegend im Nildelta zwischen Nitria und Sketis, in der sich viele Mönche niedergelassen hatten. Der Ort wurde von Amun und Antonios festgelegt.
Koinobion	«Kloster». Gemeint ist eine klosterähnliche gemeinsame Wohnform mehrerer Mönche im Gegensatz zu den Anachoreten.
Reue/Buße	*[metanoia]* wörtl.: Sinneswandel, -umkehr. Metanoia «machen» bedeutet z. B., daß sich ein Bruder vor dem Abbas zu Boden wirft oder sich tief verbeugt. Der Begriff umfaßt Reue, Buße *und* Zuversicht durch eine innere Neuausrichtung.
Sketis	Wüstenbecken im heutigen Wâdi Natrûn. Hier, noch tiefer in der Wüste als Nitria und Kellia, wo die Karawanen Natron holten, lebte u. a. Makarios der Ägypter (der Große) als Anachoret. (Natron wurde u. a. zur Einbalsamierung verwendet.)
Thebais	[thebaische Wüste] Gebiet in Oberägypten in der Gegend von Luxor.

Die meisten Apophthegmata sind mit dem Namen des entsprechenden Wüstenvaters bezeichnet. Die Nummer unmittelbar nach dem Namen entspricht der Numerierung innerhalb der unter diesem Namen vorhandenen Sprüche, wie sie bei COTELIER J.-B.: Ecclesiae Graecae Monumenta. 3 Bde., Paris 1677–1688 (MIGNE Patrologia graeca 65,71–440) verzeichnet sind. Anschließend (Ap = Apophthegma) folgt die Numerierung gemäß der Gesamtnumerierung der alphabetischen Sammlung, wie sie HEUSSI erstellt hat. Diese Numerierung wurde von vielen Übersetzern (MILLER, REGNAULT) übernommen. Bsp. Poimen 162 (Ap 736) = das 162. Apophthegma, das unter dem Namen «Poimen» überliefert ist, das 736. Apophthegma in der alphabetischen Sammlung.

Sigel:

Anonymus: Aus der Sammlung von anonymen Sprüchen; s. Sigel N.

GUY: (Systematische Sammlung): GUY Jean-Claude: Les Apophtegmes des Pères. Collection systématique. Chapitres I–IX. (Sources Chrétiennes 387) Paris 1993. [Mit griechisch-französischer Übersetzung]

H.L. Palladios: Historia Lausiaca
BARTELINK, G. J. M.: Palladio. La Storia Lausiaca. Testo critico e commento. [Fondazione Lorenzo Valla] ⁴1990.
Textstellen zitiert nach der deutschen Übersetzung von: LAAGER, Jacques (Hg.): Palladius. Historia Lausiaca. Die frühen Väter in der Wüste. Zürich 1987.

H.M. Historia Monachorum
FESTUGIÈRE, André-Jean (Hg.): Historia Monachorum in Aegypto. Edition critique du texte grec et traduction annotée. (Subsidia Hagiographic 53) Bruxelles 1971.
Deutsche Übersetzung: FRANK, SUSO: Mönche im frühchristlichen Ägypten. (Historia Monachorum in Aegypto). Düsseldorf 1967.

N: (Anonyme Sprüche): NAU, Friedrich (Hg.): Histoires des solitaires égyptiens. Apophthegmes des Saints Vieillards. (Ms. Coislin 126, fol. 158sqq.)
In: Revue de l'Orient chrétien (ROC) t. 12–18. 1907–1913.

Franz. Übersetzung: REGNAULT, Lucien: Les sentences des pères du désert. Série des anonymes. Solesmes, Sablé-sur-Sarthe 1985.

S: GUY, Jean-Claude: Recherches sur la tradition grecque des Apophthegmata Patrum. (Subsidia Hagiographica Nr. 36) Bruxelles (1962) 1984. S. 19–57 und 236–238 (Suppléments).

Vp Vitae Patrum (Lateinische Sammlung)
ROSWEYDE, H.: Vitae Patrum sive Historiae Eremiticae. Libri Decem. Antwerpen 1615–1628. (PL 73 und 74). Auswahl in B. MILLER: Weisung der Väter. Trier 1986.

Vita Antonii BARTELINK, G. J. M. (Hg.): Athanase d'Alexandrie: Vie d'Antoine. (Sources Chrétiennes 400) Paris 1994. (Krit. Ausg. mit franz. Übers.)

Text in ( )-Klammern ist vom Hg. (F. D.) hinzugefügt und dient dem Textverständnis oder faßt längere Erzählabschnitte zusammen. Text in [ ]-Klammern enthält Bemerkungen, z. B. die wörtliche Übersetzung.

Kleine Literaturliste zu den Wüstenvätern

Quellen

Apophthegmata
MILLER, Bonifaz: Weisung der Väter. Apophthegmata Patrum, auch
  Gerontikon oder Alphabeticum genannt. (Reihe Sophia – Quellen
  östlicher Theologie, Bd. 6) Trier ⁴1998.
GUY, Jean-Claude: Les Apophtegmes des Pères. Collection systéma-
  tique. Chapitres I–IX. (Sources Chrétiennes 387) Paris 1993 [Grie-
  chischer Text mit französischer Übersetzung].
REGNAULT, Lucien: Les sentences des pères du désert (5 Bde.).
  Solesmes, Sablé-sur-Sarthe 1966–1985.
Antonios
ATHANASE, d'Alexandrie: Vie d'Antoine. G. J. M. BARTELINK
  (Hg.). (Sources Chrétiennes 400) Paris 1994 (Griech. Text mit
  franz. Übers.).
Des heiligen Athanasius Leben des heiligen Antonius. H. MERTEL
  (Hg.). (Bibliothek der Kirchenväter 31) München 1917.
Athanasius: Vita Antonii. A. GOTTFRIED (Hg.). Graz 1987.
Antonios der Große. Stern der Wüste. H. HANAKAM (Hg.). Freiburg
  i. B. 1989. [Textauswahl].
Saint Antoine. Lettres. A. LOUF (Hg.). (Spiritualité Orientale 19) Bé-
  grolles en Mauges 1976.
Palladius: Historia Lausiaca. Die frühen Väter in der Wüste. J.
  LAAGER (Hg. und Übers.). Zürich 1987.
Mönche im frühchristlichen Ägypten *(Historia Monachorum in
  Aegypto).* Aus dem Griechischen übersetzt, eingeleitet und erklärt
  von S. FRANK. Düsseldorf 1967.
Evagrios Pontikos. Briefe aus der Wüste. G. BUNGE (Hg.). (Sophia
  24) Trier 1986.
Johannes Cassian. Gott suchen. Sich selbst erkennen. Einweisung in
  das christliche Leben. G. und Th. SARTORY (Hg.). Freiburg 1993
  [Textauswahl aus *Institutiones* und *Conlationes*].
Lettres des Pères du Désert. B. OUTTIER, A. LOUF, M. VAN PARYS,
  Cl.-A. ZIRNHELD (Hg.). (Spiritualité Orientale 42) Bégrolles en
  Mauges 1985.

Sekundärliteratur:

BRUNNER-TRAUT Emma: Die Kopten. Leben und Lehre der frühen Christen in Ägypten. Köln 1982.

CHITTY Derwas J.: The desert a city. An Introducion to the Study of Egyptian and Palestinian Monasticism under the Christian Empire. London 1977. Franz. Übersetzung: Et le désert devient une cité... (Spiritualité Orientale 31). Bégrolles en Mauges 1980.

DODEL Franz: Das Sitzen der Wüstenväter. Eine Untersuchung anhand der Apophthegmata Patrum. («Paradosis» 42) Freiburg/ Schweiz 1997.

GERHARDS, Albert, und BRAKMANN, Heinzgerd (Hg.): Die koptische Kirche. Einführung in das ägyptische Christentum. Stuttgart 1993.

GRÜN, Anselm: Der Umgang mit dem Bösen. Der Dämonenkampf im alten Mönchtum. (Münsterschwarzacher Kleinschriften 6) Münsterschwarzach 1980.

GUILLAUMONT, Antoine: Aux origines du monachisme chrétien. (Spiritualité Orientale 30) Bégrolles en Mauges 1979.

HEUSSI, Karl: Der Ursprung des Mönchtums. Tübingen 1936 [Nachdruck 1981].

HOLZE, Heinrich: Erfahrung und Theologie im frühen Mönchtum. Untersuchungen zu einer Theologie des monastischen Lebens bei den ägyptischen Mönchsvätern, Johannes Cassian und Benedikt von Nursia. (Forschungen zur Kirchen- und Dogmengeschichte 48) Göttingen 1992.

LACARRIERE, Jacques: Les Hommes ivres de Dieu. Paris 1983. (Deutsche Übersetzung: Die Gott-Trunkenen. Wiesbaden 1967.)

LILIENFELD von, Fairy: Spiritualität des frühen Mönchtums. (Oikonomia 18) Erlangen 1988.

RANKE-HEINEMANN, Uta: Das frühe Mönchtum. Essen 1964.

REGNAULT, Lucien: La vie quotidienne des pères du désert. [Paris] 1990.

– : Les pères du désert à travers leurs apophtegmes. Solesmes, Sablé-sur-Sarthe 1987.

SARTORY, Gertrude und Thomas: Lebenshilfe aus der Wüste. Die alten Mönchsväter als Therapeuten. Freiburg i. Br. 1992.

SCHNEIDER, Michael: Aus den Quellen der Wüste. Köln 1989.

Bildbände:

CHEVILLAT, Alain et Evelyne: Moines du désert d'Egypte. (Terre du Ciel) Lyon 1990.

Déserts Chrétiens d'Egypte. Les Kellia. (Collection le Portique) Nice 1993.

Les Kellia. Ermitages coptes en Basse-Egypte. (Musée d'art et d'histoire) Genève 1990 [Ausstellungskatalog].

Anmerkungen

1 Ein Zauberspruch, der zum Überqueren des Nils auf einem Krokodil dient, beginnt so: «Setze dich hin und sage: Höre mir zu, der du dein Leben im Wasser verbringst ...» Zur wunderbaren Überquerung des Nils vgl. Besarion 2 (Ap 157).

2 «Berg» (und v. a. das «Sitzen auf dem Berg») meint seit frühester Zeit einen besondern Ort der Abgeschiedenheit und Gottesnähe, so z. B. in der Vita Antonii. Dabei haben – in unserem Kontext – sicher biblische Vorbilder eine wichtige Rolle gespielt (z. B. 2 Kön 1,9: Elija; Mt 5,1; 15,29; Joh 6,3: Jesus). Für die Wüstenväter war «Berg» gleichbedeutend mit Wüste – im Gegensatz zum Niltal (= Ägypten).

3 Arsenios 32 (Ap 70).

4 Damit soll die Hinterlist des Versuchers deutlich gemacht werden, der sich die Schwäche des Abbas zunutzen machen will.

5 Antonios 9 (Ap 9); vgl. auch Johannes Kolobos 39 (Ap 354).

6 Vgl. z. B. Lao-tse: Tao-Tê-King, c. 37: Der Weg ist ewig ohne Tun; aber nichts, das ungetan bliebe.

7 Konnten die Brüder ihren Lebensunterhalt nicht durch die eigene Handarbeit (und evtl. deren Verkauf) sichern, so mußten sie sich während der Erntezeit verdingen, was jeweils einen an sich unerwünschten Kontakt mit der Welt bedingte. Ein Verzicht auf diese Arbeit bedeutete also, sich für lange Zeit größter Entbehrung auszusetzen.

8 50 Tage fasten: Die Zeitspanne spielt an auf die 50 Tage zwischen Ostern und Pfingsten.

9 Gemeint sind wohl die täglichen Gebetszeiten und nicht die Liturgiefeier vom Wochenende.

10 Vgl. Hierakas 1 (Ap 399; s. S. 44) und Herakleios (Ap 267): «Wenn du hungerst, iß, trink, schlafe! Nur geh bis zum Sabbat nicht aus deinem Kellion.»

11 Vgl. Joseph in Panepho 6 und 7 (Ap 389 und 390).

12 Vgl. Joseph in Panepho 11 (Ap 394).

13 In: Tito ORLANDI: Paolo di Tamma. Opere. (Introduzione, Testo, Traduzione, e Concordanze) Roma (C.I.M.) 1988. Op. sine titulo Nr. 100.117.

14 Sterbend sagte Abbas Besarion: «Der Mönch muß sein wie Cherubim und Seraphim: ganz Auge!» (Besarion 11; Ap 166).

15 Vgl. KAKUAN SHION (um 1150): Die zehn Bilder des Ochsen.

Eine im Zen-Buddhismus bekannte Darstellung des Erleuchtungs-Weges.

16 Vgl. Paphnutius 5 (Ap 790; s.S. 36) und Ammonas 4 (Ap 116; s.S. 106).

17 Antonios 7 (Ap 7).

18 Ägypten war bis zur Islamisierung nie ganz frei von heidnischen Kulten und Ritualen. Dies wird in den Apophthegmata öfters thematisiert.

19 Der Satz wird immer wieder von verschiedensten Vätern zitiert, namentlich auch im Hesychasmus, dessen Quellen auch bei den Wüstenvätern liegen.

20 Johannes Kolobos 36 (Ap 351).

21 Johannes Kolobos 11 (Ap 326).

22 Johannes Kolobos 13 (Ap 328).

23 Auch Buddha sitzt unter einem Baum (der Erleuchtung) und widersteht den Angriffen Maras (des Herrn der Sinnenwelt). Aber die Stimmung ist diametral entgegengesetzt: «Mag mein Körper hier auf diesem Platz vertrocknen… bevor ich nicht Erleuchtung erreicht habe, werde ich mich nicht von diesem Sitz regen.» (H.-J. KLIMKEIT: Der Buddha. Stuttgart 1990).

24 Poimen sagte: «Wir sind nicht gelehrt worden, Leibestöter zu sein, sondern Leidenschaftstöter.» (Poimen 184; Ap 758).

25 Evagrios Pontikos: «Verlange weder Mächte noch Engel zu schauen, damit du nicht dem Wahnsinn verfällst.» (De orat 115).

26 Vgl. Blaise PASCAL: «… tout le malheur des hommes vient d'une seule chose, qui es de ne savoir pas demeurer en repos dans une chambre.» Pensées. Fragm. 128 (ed. TOURNEUR).

27 Evagrios bleibt 40 Tage im Freien, so daß sein Leib mit Ungeziefer ganz bedeckt war (vgl. aus H.L. c. 38).

28 Auch Makarios d. Äg. 16 (Ap 469) schließt immer die Tür seines Kellions.

29 Sisoes 45 (Ap 848); s.S. 92.

30 Vgl. Sisoes 14 (Ap 817).

31 Vgl. Sisoes 47 (Ap 850); s.S. 94.

32 Moses war aber gerade nicht Ägypter, sondern Äthiopier und hatte wegen seiner dunklen Hautfarbe viel Spott zu erdulden. Vgl. S. 55.

33 Johannes Kolobos 2 (Ap 317); vgl. 2 Thess 3,10.

34 In: M. CHAÎNE: Le Manuscrit de la version Copte en dialecte Sahidique des «Apophthegmata Patrum». Bibl. d'Etudes Coptes. Tome VI. Kairo 1960 (mit franz. Übersetzung); Nr. 107.

35 Vgl. Sisoes 45 (Ap 848): «Was zwingst du mich, unnütz zu reden? Was du siehst, das tue!» S. auch Pistos (Ap 776).

36 In: F. NAU: Histoire de Taïs. (Annales du Musée Guimet, t. 30) Paris 1903, S. 100 ff. Vgl. dazu Serapion 1 (Ap 875) und Johannes Kolobos 40 (Ap 355).

37 Dorotheos von Gaza (Sources Chrétiennes 92) Nr. 180 (S. 489). Das Logion wird Poimen zugeschrieben.

38 In: AMÉLINEAU, Emile: Histoire des monastères de la Basse-Egypte. Vies des saints Paul, Antoine, Macaire, Maxime et Domèce, Jean le Nain etc. Texte copte et traduction française. (Annales du Musée Guimet, t. 25) Paris 1894, S. 167.

39 Vgl. N 296: Ein Alter sagte: «Wer in Gehorsam unter einem geistlichen Vater sitzt, hat größeren Lohn als derjenige, der in der Wüste zurückgezogen allein lebt.»

40 Ms. Karakallou 251. R. DRAGUET: À la source de deux apophtegmes grecs. In: Byzantion 32 (1962), S. 53–61.

41 Vgl. S. 42.

42 Stichworte: Wanderaskese (Vorbild: Adam); Heimatlosigkeit; Inklusentum.

43 Damit ist ein auswendig gesprochenes kurzes Gebet gemeint (oft bestehend aus einer Bibelstelle), das wiederholend rezitiert und so meditiert wird [gr. *melete*].

44 In: AMÉLINEAU, Emile: a. a. O., S. 21.

45 In gewissem Sinne kann das Leben Jesu unter diesem Gesichtspunkt gesehen werden: Er beginnt (nach seiner Taufe) mit Fasten, um schließlich zu unserem «Brot» zu werden.

46 Kyros (Ap 445).

47 Vgl. Makarios der Ägypter 23 (Ap 476): Werde ein Toter!

48 So in Silvanos 4 (Ap 859).

49 So in Silvanos 4 (Ap 859).

50 Johannes Kolobos 2 (Ap 317), s. S. 90.

51 Von einem «paradiesischen» Ort zwischen Himmel und Erde als Ort des Übergangs und der Belehrung berichtet auch ORIGENES: De principiis II 11,6.

52 In: E. AMÉLINEAU: De Historia Lausiaca. Paris 1887, S. 116.

53 Vgl. z. B. S. 70 und 71.

54 Vgl. Mt 4.

55 In: Le corpus athénien de saint Pachôme. HALKIN, François (ed.), Genève 1982. Paralipomena c. 29 und 30, S. 90.

56 Vgl. Arsenios 15 (Ap 53; eine Stunde Schlaf genügt für den «Kämpfer»).